edition suhrkamp 2610

Heimat ist nicht dort, wo man wohnt
sondern wo man liebt und geliebt wird.
von Maik, Weihnachten 2015

Karlheinz Deschner

D1662926

Im Frühjahr 2008 wurde die russische Lyrikerin und Künstlerin Anna Altschuk tot aus der Spree geborgen. In Deutschland wußte man kaum mehr, als daß sie wegen Teilnahme an der Ausstellung »Achtung, Religion!« in Moskau vor Gericht gestanden hatte. Daß sie eine Dichterin in der Tradition der russischen Avantgarde war und einer »Akademie der transrationalen Sprache« angehörte, wußte man nicht. Der vorliegende Auswahlband präsentiert einen Querschnitt ihres Schaffens von den gebundenen, rhythmischen Versen der 70er Jahre bis zu den hochkonzentrierten, aufgeladenen Kürzestgedichten der jüngsten Zeit. Anna Altschuk, die Chlebnikow und Zwetajewa, García Lorca und Sei Shonagon verehrte, spricht über Natur, Liebe und Tod. Sie zerbricht Wörter und Sätze, die ihre verborgenen Bedeutungen freigeben, und fügt die Bestandteile neu zusammen – zu schillernden, auch visuell hochkomplexen, luftigen Gebilden.

Anna Altschuk, 1955 auf der Insel Sachalin geboren, lebte in Moskau und starb 2008 in Berlin.

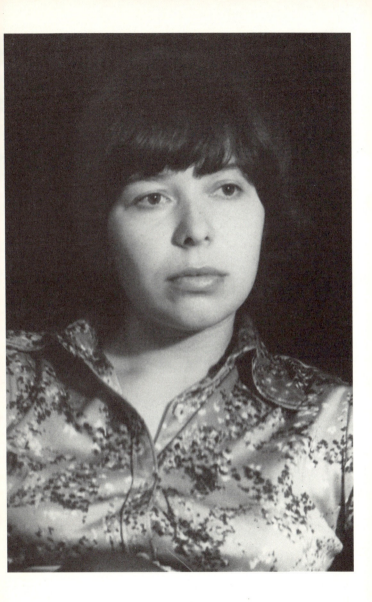

Foto: Michail Michaltschuk

Anna Altschuk
schwebe zu stand

Gedichte

Mit einem Nachwort von Michail Ryklin
und einem Werkstattbericht von
Gabriele Leupold und Henrike Schmidt

Aus dem Russischen von Gabriele Leupold,
Henrike Schmidt und Georg Witte

Suhrkamp

Auswahl und Zusammenstellung der Gedichte besorgte Gabriele Leupold
zusammen mit Michail Ryklin und Henrike Schmidt. Nähere editorische
Angaben am Schluß des Bandes.

edition suhrkamp 2610
Deutsche Erstausgabe
© by Michail Ryklin (für das Werk von Anna Altschuk)
© der deutschen Ausgabe
Suhrkamp Verlag Berlin 2010

Alle Rechte vorbehalten, insbesondere das der Übersetzung,
des öffentlichen Vortrags sowie der Übertragung durch Rundfunk
und Fernsehen, auch einzelner Teile. Kein Teil des Werkes darf in
irgendeiner Form (durch Fotografie, Mikrofilm und andere Verfahren)
ohne schriftliche Genehmigung des Verlages reproduziert oder unter
Verwendung elektronischer Systeme verarbeitet, vervielfältigt oder
verbreitet werden.

Druck: Druckhaus Nomos, Sinzheim
Umschlag gestaltet nach einem Konzept
von Willy Fleckhaus: Rolf Staudt
Printed in Germany
ISBN 978-3-518-12610-3

1 2 3 4 5 6 – 15 14 13 12 11 10

schwebe zu stand

лёг кость
        излёта
из лета
а(тел
     о) позабыв
выбор робы бы(ка
нул) словно рыба
не в Лету…
(у Тех)
плыть в океане
из зыбких оСНОВ

29.11.1999

schwebezustand
        schwebe zu stand
des (körp
      er) vergessen
alle end scheid un(ge
      schwind) wie ein fisch
nicht flugs im fluß der lethe …
(bei frem/freu/
        denen)
schwimmend im ozean
aus schwankenden (t)RÄUMEN

29.11.1999

сов семь | all ein (*1986-1988*)

горай

до
      гор и зонта
заросли
(шипов ника) ких

тр-о-а-пвы

1986

lohen

bis an die
          hori sonne
hundsrose
dick(n)icht

gras-noch-pfad

1986

увя дающие плыть
                    и плывущие
                            щи
небе(не ме)са
            сало кусало
ЧУ ЩУ с Уквой
обрыв а я
            все ветви под ряд
дикий хор ёк
            ёк сердце
                    при виде ние
надо ела ела
            немогласправиться
                            жзн

1988

dahin wo
         (e)lkende
                  und woll(k) ende
him(muh)meh-l
              speise spießte
TSCHU SCHTSCHU mit schmUs
sämtliche äste
              erb rächend
ein wilder eb er
                erb eb t das herz
                           ANGeS ich T(s)

habs satt satt
              schaffsnicht
                        lbn

1988

так зависим
от свет
        след
              стул
упал лап
здесь одна
сов семь

1988

so hängen wir
ab strahl
         spur
                stuhl
umgef all
ganz all ein
uhu

1988

стр
    ана
       я
ди
    аны
       где?

олень гор
          рог

di
   ony
      sos!
di
  an(n)a
       ich?

hirn horn
      hirsch

с нежной Но чью
                    руку?
            чую

(из рек)

*l*eises wesens spur

                  spür?

   wessen   ich

(flu*e*ssternd es)

ОВОЛС | ELAKOV/ETROW (*1996-1999*)

смех схем
мух сох
ОВОЛС ЕЛАЧАНВ

8 октября 1996

logik kolik
schäker käfer
AMAN FANGWAR
      EN ELAKOV

***

lach log ich
flieg floh
AMAN FANGWAR
      EN elakoV

***

lech   elch
such   nach
ETROW GNAFNAMA

8. Oktober 1996

смертеп
    ерЬ
  пет
    лятЬ
     Ь

todann
    fLugs
haken
   schLagen
      L

```
в ууни соН
   у        Нос
            Нас
в        чНость
```

8 октября 1996

eiNstimmigkeit
   stimm   t(u)
 Ns
 iN
 iN
      igkeit
    ew

***

Uuni son O
U n s
      sonn Oh
      sun Oh
           OM

8. Oktober 1996

УСТрицА губ
иТЕЛьна
накипь
волнаВОДНИвших
днища и рощи
ГУЩИ СОбытий
ИТИЙ СОкровищ
раковинный
позаБЫТый титаник

AUgenSTERN
MUschelmuND
bLEIB auf grund
wellenwasserwahn
RUMPFwälder
dickicht der ereigNISSE
der geheimNISSE
wie eine muschel
verGRABen die TITANik

ра(дости гнуть)
исПЕПЕЛинию
феникс (ли
кующий)
ил ЛИ БО
пьяный

GLU(cksen)T
aus der asche LUGt
phönix lü
stern
O der WE der BE
trunken

***

freuden schmiedend
aus der lineASCHE
ist das phö
nix jubel
oder LI(e) be(r) BO
trunken

***

freud(voll führen)
ausASCHErstehen
jubi LI
erender phönix
trunkener PO
et

Wiepersdorf

отражение
    ЖЕ
        ЛАНЕЙ следы
дышит О
ЗЕ(РО ВНО)ВЬ
            ВЕ
СНА повторенье

Март-апрель 1997, Виперсдорф

Wiepersdorf

      wasser spiegel
ehcsnüwi(e)der
       wilden rehe spur

     O atmet die O
       zero see
          len ruhe
               früh
jahres wieder erwachen
                  vom schlaf

März-April 1997, Wiepersdorf

Wiepersdorf

РУ
   ИНЫх уж нет
а те да(лече
ние) лесное
СНОВа (ве
тки) сквозь окон
проё(мы сЛИ)
СТВЫ одичалой
лоси СОВЫ*

Март-апрель 1997, Виперсдорф

---

* В глубине Виперсдорфского леса была обнаружена заброшенная
база советских войск.

Wiepersdorf

ruH
  iHnen (n)immer hier
und die da weit (weg
es) walde
tRÄUME (zwei
ge) durchs Fenster
za(r)gen geDANKen
laub wildes
reh rote ARMee*

März-April 1997, Wiepersdorf

* Tief im Wiepersdorfer Wald liegt eine verlassene Kaserne der sowjetischen Streitkräfte.

Zeilen zwei und drei nehmen Bezug auf einen Vers aus dem Poem »Eugen Onegin« von Alexander Puschkin: »Sie sind [...] verschwunden, Sind weit zerstreut und manche tot«, der ursprünglich von dem persischen Dichter Saadi stammen soll. Der Vers wurde in der Folge zu einem geflügelten Wort, das in nostalgischer Stimmung an vergangene Zeiten und vergessene Freunde erinnert. (Anm. H. Schmidt)

Заговор

врагири повисли
льнули   преда(те ли?)
заБЫТЬ –
мелких   раздаривать
брызгинь ТРАВАрева
                        обороТЕНЬ

шип и шиПЕНИЕ
в ТИШЬ обраТИШЬ

Verschwörung

der feinde schwer ter
der verrät er(?) geschmeiß
kLEBendes –
die geringsten verschwENDend
verspritzENDe schweigeschrei
                              wer(?)wolf

der klinge klang
in still er gefang EN ...

***

verschwörung

der feinde schwer/ter
der verrät/er(?) geschmeiß
kLEB*endes* –
die geringsten verschw*end*end
verspritz/*ende* schweigeschrei
                              wer(?)wolf

der klinge klang
in still/er gefang *en* ...

СНАчала **АЗ БУКИ**
ВЕДИ меня
                    О
ВИДИЙ
дай пон**ЯТЬ**
смысл(и) соль
ГО ЛОгоС

07.08.1998

Am Anfang – von **A**
nach **Be** bring mich
                              0
Vid   **We**
    Zeig mir
Sang und Salz des
StimmSinns

07.08.1998

натыкаясь на РИФ
               МУзыку слы шум
                            моря
вздох
    ход зверя
это и есть?
        стихо тВОРение

ты – вор стихий

        оСНОВатель ветрав

13.05.1999

42

Federico García Lorca gewidmet

vers bricht am riff der rei
                                          me/eres music a
                                                              lisch gisch
t seufzer
            der kreatur
quod erat?
              litt erat ur

du ur ge(s)tüm

              ver(s) brecher der winde

13.05.1999

не вре мять
а па мять
про шедшего бу
дущее расскажет
СТОЯЩЕГО гость
НА
    стой из песчинок
тяжёлая горсть
просыпется тся
ось и сот
сор и тёс

geh zeit nicht
geh dächt nis
geh gen zu
kunft erzählt
vergangen WART gast
GEh GEN
     stand aus sand
aus voller hand
rieselnd lnd
lnd und meer
nim mer mehr

торНАДО границы смеСтикс
икс остаётся
вечное маРЕВО
                    ЛЮЦИЯ
радость разБОЯ
я об зарю разобью
                        Ю
ДОЛЬ эту
          даль эту

вазы этруской

20.08.1999

vom zYklon verwüstYxt
bleibt x
ewige ilLUSIOn der revo
                    LUCIA
glück des RAUbens
ich zerschlage am morGen gRAU
die   SEN
jammertals
            dieser fremde

die vase die etruskische

20.08.1999

не БУ | h(n)immel(r)WERDs (*2000-2004*)

сказаНО:

сте пень   ненужности
сту пень   к ....
....
....
....
не БУ

10.07.-12.08.2000

nichtDOCH:

grad der verzichtbarkeit
pfad richtung ....
....
....
....
himmelAN gst

***

grad der verzichtbarkeit
pfad richtung ....
....
....
....
h(n)immel(r)WERDs

10.07.-12.08.2000

знаю
о зеро
У ход

13.08.2000

ich weiß
der see
ein aus WEG

13.08.2000

КАКБЫНИБЫЛО

под арки неба
летиза кат
улит кусолнца
кусайп ока
         жись
           ть
не сломила
сильней об сто
я ТЕЛьств ни БУДДешь
нАТОМ истой

12.07.2000

wieauchimmereswar

g(en) abend es himmels
unter gang flieg
sonn enge winde
langhin bevor das
               lebe
                    ndich
bricht
gegend aS UM(p)F
eld ein BUnDD
ein phAnT OM

12.07.2000

Как будто на разбойника вышли вы с
мечами и кольями, чтобы взять Меня
    Мк. 14, 48-49
Если Меня гнали, будут гнать и вас
    Ин. 15, 20

сты **ДНО** – душе
ропот **УБИЙ**
                ЦЫркулем
вымерен *Рим*
рыба – в воде
волки –
в шкуре о ВЕЧЕй
и – чудо-
                Пастырь
пустырь
ныне отмечен
9.09.9 о
свит
в тигле огонь
гнев**А**
            До
вреМени …

23.07.2004

Denn alle Gottesverheißungen sind Ja in ihm und sind A.MEN in ihm …
    2. Kor. 1,20
… und es werden ihn sehen alle Augen und die ihn zerstochen haben;
und werden heulen alle Geschlechter der Erde. Ja, A.MEN.
    Offenb. 1,7
… das sagt, der A.MEN heißt, der treue und wahrhaftige Zeuge, der Anfang
der Kreatur Gottes.
    Offenb. 3,14

sc**HAND**e – der seele
die (m)axt des **MOeR**
                    DERs

Rom blieb befestigt
fische – im wasser
VOLK –
im schafspelz
und – ein wunder-
                    Pastor

die brache
nun gezeichnet
9.09.9 0
w(**H**)**ÖLL**k**E**nd
im tiegel das feuer
des zornes
            l a
                men to …

23.07.2004

Н.А.

На крыльях срезанных
    с прозрачными играть
                О. Мандельштам

в окно –
цветы и птицы
ароматом
и звуком …

если ласточки с Янцзы
застигнут нас врасплох
в пыли стигийской
купающихся

чашечки цветка
раскроя сторки
в «вохдухе граненом»
тычинок вчерченых

в круг дара возвратят

30.10.2003, Рим [?]

Für N.A.

Auf Flügelfetzen
    hin zum Spiel der Körperlosen
        O. Mandelstam

im fenster –
blumen und vögel
mit wohlgeruch
und klang …

wenn die schwälbchen vom jang-tse
uns überraschen
die im stygischen staub
baden

rufen die blütenkelche
die valven entfaltend
in der »diamantenen luft«
der eingezeichneten staubfäden

uns zurück in den kreis der gabe

30.10.2003, Rom [?]

в иллюминаторе – кры(ЛО
ПАСТЬ) в пасть
гряд
     ущих в шуме
облаковых
(гор
     анти я) увидеть землю

игрушечной …

осень 2005

in der luke – (T)RAG
FLU(e)Gel in den rachen der
ANTI
(zipierten)
wolkenschICHten
geBi(Ü)RGSCHAFT
die erde zu sehen

spielzeugklein …

Herbst 2005

ПОМИМО | AUSSER DEM (*2005-2008*)

ЗЫК

как пить дать
хлебистина
раската веселица
зыне
брезгует терзается:
чайпить
чаш
кибить буду
дубу не указ
накусь вы
кусь трп

***

от хлебну
бляхам-мухам
медный таз
задом наперёд
а всё мало
пались пузы
ризыри

зря

Gegell

gift drauf nehmen
dummwiebrot
abgefahrenes sich VER-lus-TIEREn
getzt
mäkelt quält sich
frösche fragen
porz
ellan zerschlagen werde ich
erde wich ist kein witz
fickt euch ins
knie hrb

***

schluck ich
kruzifix moha(l)
medio krr epieren wie die
alles verkehrtrum
und noch nicht genu
ge blas platzt pries
ter gewanst

umsonst

Сквозь тебя, сквозь меня
Катит волны свои пустота
Федерико Гарсиа Лорка

королева и Ко
                  роль
твоя – мнимая
пешка

горы сдвигаешь?
ход
белым конем
                делаешь?

мат тебе ставлю
                Пространство
шах –
      Время

(шах маТ)Ы все рассыпаешь
квадраты т(д)оски

на отсутствие сМЫсла …

26.04.2005

Die reinen Lücken wirbeln,
durch mich, durch dich«
    Federico García Lorca

königin und Kö
                nich(t)
dein part nur
der bauer?

du verrückst berge?
ziehst
mit dem weißen
              springer?

matt setze ich dich
              Raum
schach dir –
        Zeit

DU(rcheinander) werfend
die steine im brett

schlägst UNSinnig aus dem feld …

26.04.2005

67

пена – камень

ГОЛУБИЗНА
ибисы
сойки
плещут:
ВОЛ(ю)НА ВОЛ(ю)НА ВОЛ(ю)НА
В'ОЛЮ!

вздыбится мором
о гальку –
пташек щебечущих
штучек небесных

трётся о берег
ВОЛ
     НА оберег
*гер*б моря

06.06.2005

gischt – stein

die SEEraben
habichte
ibisse
schäumen:
BLAU(welle) BLAU(welle) BLAU(will ins)
BLAUe!

sie bäumt sich, die seuche,
gegen kieselgeröll –
von zwitschernden vögelchen
himmelsschnitzelchen

drängt an die küste
die WEL
      LE es schützt
das emblem des *me*eres

06.06.2005

последнее лето

в цветычется шмель
о шлем аконита*
па
  влиньи глаза
за
  крываются крыльями
имя крапивы
ни лыком
ни ры
лом молохом сла-а-дким
комом малинным

08.-10.08.2005

* аконит – известный своей ядовитостью цветок

letzter sommer

p(blum)st die hummel
an den helm des eisenhuts*
pfau
    ena(u)kelei
ver
   schlagen von flügeln
bilsen *nes*seln
nicht von schlech
noch von tu
von ten takeln von sü-üßem
ho(ö)llunder kloß

08.-10.08.2005

* Der Eisenhut ist bekannt für seine Giftigkeit.

Ozero

Габи Л.

(мим **О**)
          кленовых
аллей – поезд
призрак **О**
знаках   (**О**
сени)
     травырванных с корнем
гинко **О** *книге*

О
   павших
(пе
    ли)стьях

12.-18. ноября, Берлин

O seero

Für Gabi L.

(vOrüber)
      an ahorn
alleen – zug
spukbild – vOr
boOte (herbstlicher)
      mit der wurzel ausreis(s)en
ginkos *ikons*

vOn
   sing(k)en
den (b)lettern

12.-18. November 2005, Berlin

И щебетанье звезд тревожит слабый слух
  О. Мандельштам

от реки(сь)
от кромешного брега
бреда браги беги
открепись
от-стра-стей
и – ad astra!
и – в степь!
где све-т-вердь
ослепляюще звё
                з
                    дыхание
слышишь?

[конец 2007?], Берлин

Für M.R.

In meinem Ohr das Sternenzirpen, kitzelt kaum
    O. Mandelstam

mach (dich) los
vom blanken ufer
unsinn plunder runter
sag dich los
von den lüsten-lastern
und – ad astra!
und – in die steppe!
wo zuf-l(e)ucht
blenden der sterne
                    n
                        hauch
hörst du?

[Ende 2007?], Berlin

Берлинский вокзал

… Из тяжести недоброй
И я когда-нибудь прекрасное создам
    О. Мандельштам

сталь
а не латекс
стекло
а не пласт
                масса взлетела на воз
дух превознесся яснея

конструктивистская мысль
словно короб steklarheit

барокко укор –
красота?

осень 2006, Берлин

berliner bahnhof

... aus trüber Schwere
Werd ich, auch ich, sie schaffen – Schönheit und Gestalt
    O. Mandelstam

stahl
und nicht latex
glas
und nicht plast
           masse flog auf in die lüf
technik überhob sich heroisch

konstruktivistischer gedanke
wie ein korsett von glas-nost

dem barock einen korb –
kunst?

Herbst 2006, Berlin

боль – шинству пишущих

легко вам
лёгкое выВЕРнУть
выблевать буквами
мозг!
гвоздь –
в руку сЛОВА

ЧЕЛОВЕКОВ вовек
не хочу!

der (sch)me(h)rzahl der schreibenden

nicht schwer für euch
die eingeweide HERausZureißen
auszuspeien mit den buchstaben
das hirn!
ein nagel
in die hand des schrif(t)FISCH

ZUGs gütigst
ohne mich!

ОТлеТЕЛА душа
отдышалась
отрешилась от шлака и –
вширь
       просияла на синем

отсель
несиницей в руках саркофага –

прошивающим Землю дождем
журавлем

обживается вечность

01.04.2007, Берлин

körperLOS fliegt die seele
holt tief luft
löst sich ab von der schlacke und –
ausgebreitet
          erstrahlt sie im blauen

von hier aus
durch den nichtspatz in der hand des sarkophags –

den die Erde durchsiebenden schauer
die taube

wird die ewigkeit wohnlich

01.04.2007, Berlin

ПРОСТЕЙШИЕ | Einzeller *(1988)*

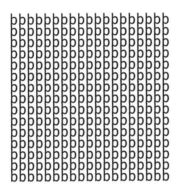

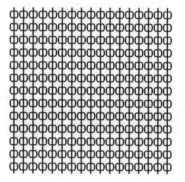

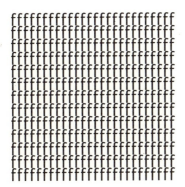

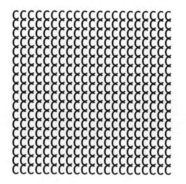

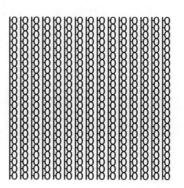

ju ju ju ju ju ju ju ju ju ju ju ju ju ju ju ju
ju ju ju ju ju ju ju ju ju ju ju ju ju ju ju ju
ju ju ju ju ju ju ju ju ju ju ju ju ju ju ju ju
ju ju ju ju ju ju ju ju ju ju ju ju ju ju ju ju
ju ju ju ju ju ju ju ju ju ju ju ju ju ju ju ju
ju ju ju ju ju ju ju ju ju ju ju ju ju ju ju ju
ju ju ju ju ju ju ju ju ju ju ju ju ju ju ju ju
ju ju ju ju ju ju ju ju ju ju ju ju ju ju ju ju
ju ju ju ju ju ju ju ju ju ju ju ju ju ju ju ju
ju ju ju ju ju ju ju ju ju ju ju ju ju ju ju ju
ju ju ju ju ju ju ju ju ju ju ju ju ju ju ju ju
ju ju ju ju ju ju ju ju ju ju ju ju ju ju ju ju
ju ju ju ju ju ju ju ju ju ju ju ju ju ju ju ju
ju ju ju ju ju ju ju ju ju ju ju ju ju ju ju ju

Двенадцать ритмических пауз |
Zwölf rhythmische Pausen (*1984-1985*)

заблудится дождь
затеряется берег зеркал
в всхлипах чаек с перьями моря
замрёт
            на песок не обрушится вал
и в красных кистях раздробится солнце
в сотый раз набегает волна следов
вдаль рассыпанных грустью
                            прогулок в молчании

verirrt sich der Regen
verliert sich das Ufer der Spiegel
im Schluchzen von Möwen mit Federn vom Meer
versteinert
        und wird auf den Sand die Woge nicht stürzen
und rot in Quasten splittert die Sonne
schon hundert Mal rollt die Welle der Spuren
  der fern gestreuten von der Trauer
            schweigend verbrachter Spaziergänge

скарабеи
в каждом ручей
те ли вокруг тела
по рукам текли
и разве стоя на песке не смотрел
пряди волн набегали на лицо
вен нанесённых ветром
дюны лепестков

Skarabäen
          in jedem ein Bach
ob die um den Leib
handlängs flossen
und ob denn wer auf dem Sand stand nicht schaute
da schlugen Wellen ihre Strähnen aufs Gesicht
von Adern die vom Wind gebracht
die Dünen der Blätter der Blüten

у сизо-листвы
в стеклянном серале
длюсь по лунной лестнице
хрусталик захлёба
разбитый ввысь
«среди черепиц заходящего солнца
эльф мог истаять смеясь»
но в лунные соты впадая …
на сини ангельская? Дружба –
(баснословная

        словно сливовая

                лава райского дерева)
уводить в свечение полюбившихся вещей

29.09.1985

am Graublaublatt
im Serail aus Glas
verläng er ich mich auf der Leiter zum Mond
ein Stück Kristall ein sich Verschlucken
hochwärts zerschlagen
»im Geziegel der Abendsonne
konnte der Elf schmelzen – und lachen«
doch als er in die Waben des Mondes fiel …
in Blau und engelgleiche? Freundschaft –
(fabulöse
        fette
          Lava eines Baums im Paradies)
fortzubringen in das Schimmern solcher Dinge
                    die beginnen zu gefallen

29.09.1985

Дождь

дым камней …
виноградин своды озарены
отвесной музыкой арки

Regen

Dampf der Steine ...
die Weinstockgewölbe beschienen
von der Senkrechtmusik eines Torbogens

свечей соборы
чёрные ветви утка качнула
в озёрном небе

aus Kerzen Dome
schwarze Zweige bewegte die Ente
im Himmel im See

расправила крылья
                         младенческих листов
корабль бабочке блеклой

отныне

усердие и дождь
любимая капля шиповника

падая с неба …

streckte die Flügel
                    der Kindsblätter
ein Schiff dem welken Schmetterling

seit nun

Eifer und Regen
der Tropfen den die Heckenrose liebt

der vom Himmel fällt …

ощущая со стёклами
мирриады брызг луны
тот момент
                    тленья
отчётливей щеки и губ ушедшего

снег

wenn mit Glas und Glas
Myriaden Splitter Mond zu tasten sind
dieser Moment
                    eines Glimmens
ist deutlicher als Wange und Zungen dessen, der ging

Schnee

СИРИНГА | SYRINX (1981-1984)

Прозрачный воздуха орган
Поют встревоженные птицы –
И ты вмещаешь океан
На хрупком островке страницы.

Что весит неба бирюза
Без тех высот обетованных,
Куда от камней бездыханных
Стремглав взметнётся стрекоза!

1977-1979

Der Lüfte Orgel unsichtbar
Der Vögel Schwarm sirrt, flattert –
Und du, auf Insel-Seite zart,
Bannst fest der Ozeane Wasser.

Was wiegt des Himmels Türkis-Helle
Denn ohne die gelobten Höhen
Wohin aus steinern stummem Stöhnen
Sich jählings aufschwingt die Libelle.

1977-1979

Церков Ризоположения

Тишина, растворившая тело,
В талом золоте свеч – голоса.
Голос света, летящий с придела,
Образ светлый, ведущий к пределу,
Безответного воска роса.
Россыпь лета в словах и обличьях
Трав на ризы лепном полотне.
Это клетка, цветущая, птичья,
Дарит дольнего голубя мне.

Mariä-Gewandlegungskathedrale

Stille, Körper die schmelzend verschimmern,
Kerzen, tauend das Gold ihrer Stimmen,
Lichtes Stimme dringt her vom Altar.
Bild hell heilig birgt Grenzen des Innen,
Wachs rinnt duldsam und tautropfenklar.
Sommer glänzend in Worten Gesichten
Gras gestuckt auf Gewänder leinweiß.
Vogelkäfig, so grün und so blühend,
Schenkt die Taube mir jenes Diesseits.

Останкинский дворец

О, медленный дворец в зелёном!
Увяли вазы на столах, и пыль поёт,
Прекрасная и ветхая растёт
И веткой лепится на падуге плафона
Печаль.
То час небытия, но вот
Влетает луч и наполняет звоном
Все зеркала, хрусталь.
И долго свет живёт,
Осыпав каплями росы бокал гранёный.

Schloß Ostankino

O sachtes Schloß im Grünen!
Verwelkt die Vasen stehen und singt der Staub,
Die wunderbare blätternd rankt,
Gleich einem Zweig gestuckt über der Bühne,
Die Trauer.
Des Nicht-Seins Stunde, aber dann –
Ein Lichtstrahl dringt herein und füllt mit Klang
Die Spiegel, das Kristall.
Das Licht, es lebt noch lang,
Benetzt mit Tau den funkelnden Pokal.

Мы начинали зыбкие почвы,
Пение в зарослях птиц длиннопёрых,
Рыб колебание в воздухе пёстром.
Где-то в зелёном шёл отрешённо
Дождь светлохвойный, и было белёсо,
Чтобы увидеть солнце и сон в цветах.

Wir fingen an auf schwankenden Grunden,
Singen im Dickicht langfiedriger Vögel,
Fischegeschlinger in bunter Luft.
Hinten im Grünen fiel vor sich hin
Hellnadelregen, und alles war weißlich,
Damit man Sonne und Traum sieht – in Farbe.

Море

Смертью светишься. Ангелы – чайки,
Ждущие души подхватить на лету,
Медузы – твои облака.

Блёклый, привычен воздух и зори,
Изборождённые стрелами. Здесь
Мы потеряли себя.

Здесь, замурованы в стенах солёных,
Гулом глубинным полуразмыты,
В зёрнах хрустальных, бьющихся вдребезги,
Будут блуждать глаза.

Das Meer

Tod strahlst du aus. Die Engel sind Möwen,
Die lauern, die Seelen im Flug aufzuschnappen,
Quallen sind deine Wolken.

Fahl, gewohnt ist die Luft und das Abendrot,
Kreuz und quer durchschossen von Pfeilen. Hier
Haben wir uns verloren.

Hier, eingemauert in salzige Wände,
Vom Tiefentumult halb ausgewaschen,
Kristallkörner, zu Bruch gegangen,
Werden wandern die Augen.

ИМЕНА | NAMEN (1977-1981)

Лес просветлённый, лес, лес,
Лес, осенённый снегом, снегом.
Это спокойствие, эта нега –
Это от снега, лес.

Светлых небес сон, сон,
Резкость стволов – на белёсом, белёсом.
Не задаю извечных вопросов,
Просто смотрю сон.

Разве не сон всплеск, всплеск
Рыжего солнца сквозь стаи снежинок,
Остроконечных, изнеженных льдинок
Радугой-вспышкой блеск?

Всем удручённым, незащищённым,
Мой оснежённый лес.

29.10.1979

Wald, lichtdurchfluteter Wald, Wald,
Wald, eingemummelt in Schnee, Schnee.
Dieses Friedliche, dieser Segen –
Alles der Schnee, der Wald.

Heiterer Himmel Traum, Traum,
Schroffheit der Stämme auf Falbem, auf Falbem.
Ich stelle nicht die ewigen Fragen,
Ich sehe bloß einen Traum.

Ist denn kein Traum der Einfall, der Einfall
Der rötlichen Sonne durch Schneeflockenschwärme
Und spitziger, flauschiger Eisessterne
Funkelndes Prismenkristall?

Allen Bedrückten und Unbeschützten –
Euch mein verschneiter Wald.

29.10.1979

В Петрополе прозрачном мы умрем,
Где властвует над нами Прозерпина
  О. Мандельштам

Сквозь город, навеки оброненный в Лету воды,
Коснуться гранитного склепа русалочьим телом.
К прибрежной осоке взахлеб подступают пруды,
И море безбрежное станет кому-то пределом.
Но вод осиянных мосты не меня стерегут –
Раскатистый омут, дряхлеющей влаги сосуд
Стигийской ...

Glashell, Petropolis: hier gehen wir zugrunde,
Proserpina vor uns, sie herrscht und teilt
     O. Mandelstam

Durchs Wasser der Stadt versunken in Lethes ewigen Flug,
Die Gruft aus Granit mit dem Körper der Nixe begehrend.
Ans Riedgras der Ufer aus Weihern steigt stumm ihre Flut,
Und uferlos bändigen bergend so manchen die Meere.
Mich hüten die jubelnden Wasser die Brücken wohl kaum –
Verschlingender Strudel, Gefäß aus gebrechlichem Schaum
So stygisch …

Будут неприкаянным
Вечные печали.
Авелем ли, Каином –
Как бы ни звучали.

Нищенское слово –
Близкое устам:
Распаленный овод –
Розовым кустам.

Изласкавший слово
Выпустит пчелу
В горизонт медовый
На цветочный луг.

Звонкое круженье
Возбуждённых пчёл –
Способ выраженя,
Чтобы сад зацвёл.

И парит, разбужен
Пряный аромат …
Никому не нужен
Этот дикий сад.

Niemals wird vergeben sein
Ewig unsre Trauer,
Ob in Abel oder Kains
Zeichen wir sie schauen.

Wort erbarmungswürdig
Nah liegst du am Mund:
Wie das Viehinsekt sich
Sticht auf Rosengrund.

Wortliebkosend wer
Läßt die Biene fliegen
Himmelhonigwärts
Über Blumenwiesen.

Klingend rege Schwebe
Wilder Bienen Sprühen –
Solche Form der Rede
Läßt den Garten blühen.

Reizend herbe-harte
Düfte liegen schwer …
Diesen wilden Garten
Will ihn niemand mehr.

ANHANG

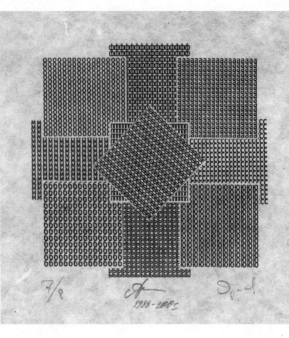

7/8　　　　　1988-2005

Anna Altschuk – Poetische Elementenlehre
Ein Werkstattbericht von Gabriele Leupold und
Henrike Schmidt

Die Moskauer Lyrikerin Anna Altschuk (1955-2008), auch
Künstlerin, Ausstellungskuratorin, Herausgeberin und Journali-
stin, wird dem deutschen Leser zum ersten Mal in einer eigenen
Publikation vorgestellt. Die ausgebildete Historikerin war eine
aktive Figur der Moskauer Kunst- und Literaturszene während
der Perestrojka; neben eigenen konzeptuellen Kunstprojekten
und der kritischen Würdigung der Kunst von Kollegen waren ihr
besonders feministische Themen wichtig. Sie beschäftigte sich
mit dem Bild der Frau in der Reklame, mit Frauen und Avant-
garde in Rußland[1] und mit weiblicher Laienkunst im Gefängnis.
Sie war eine begabte und engagierte Mittlerin, ihr bevorzugtes
Genre als Journalistin war das Interview, dem auch ihre letzte
(posthume) Veröffentlichung galt: »Auf dem eigenen be/wider-
stehen«[2] – Gespräche mit Vertretern der Kulturszene, die sich
»ihrem Projekt« verschrieben haben. Sie war Mitglied der »In-
ternationalen Akademie der transrationalen Sprache« und des
Russischen PEN.
Anna Altschuks lyrisches Werk ist schmal. Sie schrieb 30 Jahre,
unterbrochen von einer längeren Pause; sie begann konventio-
nell/klassisch und durchlief eine konstruktivistisch-konzeptua-
listische Phase; zu ihrer eigenen und unverwechselbaren Vers-
sprache fand sie am Ende der ersten Schaffensperiode. Dieser
Tatsache und Anna Altschuks – später – Vorliebe für Umkeh-
rungen und Spiegelungen aller Art trägt der Aufbau des vorlie-
genden Auswahlbandes Rechnung. Auf das titelgebende Gedicht
»schwebe zu stand« folgen Proben aus *all ein* (1986-1988), dem
letzten Zyklus vor der mehrjährigen Zäsur. Weiter geht es chrono-

1 http://www.owl.ru/avangard/
2 Anna Al'čuk, Protivostojat' na svoem. SPb, Aletejja 2009

logisch durch das Spätwerk mit Gedichten aus den Zyklen *ELA-KOV* (1996-1999), *h(n)immel(r)WERDs* (2000-2004) und *AUSSER DEM* (2005-2008). Die Mitte des Bandes bilden vier der zwölf *Einzeller* (1988), Anna Altschuks »schwarze Buchstabenquadrate«. Anschließend folgen in umgekehrter Chronologie die Zyklen *Zwölf rhythmische Pausen* (1984-1985), *Syrinx* (1981-1984) und *Namen* (1977-1981) bis zu den Anfängen.

1. An(n)agrammatik. (Nach)Dichten im Krebsgang

Es sind die kleinsten Elemente der Sprache, die Buchstaben in ihrer graphischen und klanglichen Erscheinungsform, die im Mittelpunkt der Dichtung Anna Altschuks stehen. In einer Art alchemistischer Manipulationskunst zerreibt, mischt und rührt die Sprachkünstlerin diese verbalen Kleinteile zu immer neuen, überraschenden Sinnkonstellationen zusammen. Anagramme und Palindrome, Worte also, die sich vorwärts, rückwärts und ›seitwärts‹ lesen lassen, durchziehen ihre Gedichte und machen eine wortgetreue Übersetzung im Prinzip unmöglich.

Neben die anagrammatischen Techniken, die ungeachtet ihres bisweilen artifiziellen, manieristischen Charakters in der zeitgenössischen russischen Poesie höchst populär sind, treten Verfahren der verbalen Spaltung durch typographische Gestaltung. Die semantischen und grammatikalischen Bestandteile eines Wortes werden mittels Leerzeichen in ungewohnten Konstellationen über das Blatt verteilt, Satzzeichen – insbesondere Klammern – erlauben multiple Lesarten, typographische Verfahren der Groß- und Kleinschreibung sorgen für ergänzende, verblüffende Sinn-Effekte.

Nicht nur in Hinblick auf die unübersetzbaren Glücksfälle der An(n)agrammatik, auch bezüglich des graphischen Erscheinungsbilds der Gedichte ist die Übersetzung mit eigenen Schwierigkeiten konfrontiert; sie sensibilisiert für die sinnstiftende

Potenz der oftmals so unscheinbaren Satzzeichen wie Punkt, Komma, Strich und Klammer. So steht den kyrillischen Buchstaben die Hervorhebung durch Großbuchstaben oftmals besser zu Gesicht als den im Deutschen verwendeten Lettern des lateinischen Alphabets. Weshalb an einigen Stellen als alternativer graphischer Gestaltung der Kursivierung der Vorzug gegeben wurde. Manches Mal mutet in der deutschen Übertragung auch die von Anna Altschuk präferierte offensichtliche Wortspaltung mittels Leerstelle zu grob an. Dann bietet sich der Rückgriff auf die von ihr gleichfalls viel verwendeten Klammertechniken an. Gelegentlich ist jedoch auch die Einführung von Satzzeichen ästhetisch unvermeidbar, welche die Dichterin selbst gar nicht benutzt, etwa des im Zuge der allgegenwärtigen Internetadressen aktuell wieder so populären Slash (/). Für das Gedicht »Verschwörung« werden aus diesem Grund zwei typographische Lesarten ein und desselben Texts kontrastiv nebeneinandergestellt, die sich in ihrer minimalen visuellen Nuancierung doch grundlegend voneinander unterscheiden.

Eine große Herausforderung für die Übersetzung ist die formale Nähe der Altschukschen Sprachexperimente zum Kalauer, dessen Effekte es in der Übertragung jedoch strikt zu vermeiden gilt. Dies ist um so schwieriger, als der *calembour* als falscher Witz auf der gleichen Technik wie die Gedichte Altschuks beruht, nämlich dem Spiel mit der Diskrepanz zwischen lautlichem Gleichklang und semantischer Füllung. Nicht von ungefähr finden diese Verfahren auch in der Werbung vielfache Verwendung. Ungeachtet ihrer formalen Verspieltheit sind die Verse Altschuks jedoch nicht komisch, ja zutiefst unironisch, was in postmodernen Zeiten durchaus als eine ganz eigene Gabe verstanden werden kann und auch in einem prononcierten Kontrast steht zu den erwähnten literaturhistorischen und zeitgenössischen Kontexten und Inspirationsfiguren.[3]

Diese Techniken der An(n)agrammatik und die (Un)Möglich-

---

3 Siehe dazu das Nachwort von Michail Ryklin.

keiten der Übersetzung seien im folgenden an Beispielen illustriert.

2. Nemo – Omen – Amen – Name: Sprachzufall als Schicksalsbotschaft

Ihr seid ausgegangen wie zu einem Mörder, mit Schwertern
und mit Stangen, Mich zu fangen
    Markus 14.48
Haben sie Mich verfolgt, sie werden euch auch verfolgen
    Johannes 14.20

Mit dieser Doppelwidmung, man könnte auch sagen, mit diesem Doppelepitaph beginnt eines der Gedichte von Anna Altschuk, *Zum Gedenken an Vater Aleksandr Men*[4]. Nach der Lektüre eines Bandes mit Erinnerungen an den liberalen, charismatischen orthodoxen Geistlichen, der am 9.9.1990 von einem bis heute nicht ergriffenen Mörder mit einer Axt erschlagen wurde, schrieb sie: »Verblüfft hat mich, daß im Evangelium praktisch sein Tod vorausgesagt wird, man muß nur die Betonung im Wort ›Mich‹ verändern.«

»Mich« heißt auf russisch »menja«, und so wie man im Mittelalter mit der lateinischen Bibel seine Scherze trieb und das Wort »nemo«, zu deutsch »niemand«, als Eigenname auffaßte und damit den Helden Nemo erschuf, der alles tat und konnte, was außer ihm niemand tat und konnte (z. B. »Gott sehen«), spielt Anna Altschuk mit dem persönlichen Fürwort, das sich als Name »Men« lesen läßt.

Sie findet in Wörtern und Buchstabenfolgen einen zweiten, verborgenen Sinn und legt ihn frei – fern von jeder sprachgeschichtlichen Ableitung. In der Freude (radost') sieht sie die Hölle (ad) eingeschlossen, der Schafspelz (v škure o VEČEj) umhüllt die Veče oder Wetsche, die altrussische Volksversammlung, und der

4 Siehe im vorliegenden Band S. 57.

Horizont (gorizont) zerfällt in Berge (gor) und (i) Schutzdach (zont). Im Murren (*ropot*) liest Anna Altschuk, von hinten beginnend, die Axt (topor), das Wort Mörder (ubij-cy) geht über in das »abgesteckte«, befestigte (cy-rkulem vymeren) Rom (russisch »*Rim*«), und dieses, gemeint ist das Dritte Rom, verkörpert den Machtanspruch Rußlands in der – im Krebsgang darin enthaltenen – Welt (mir).

Eine wörtliche Übersetzung ist hier noch weniger möglich als bei anderen poetischen Texten, und die Freiheit, die sich der Übersetzer nehmen muß, ist dementsprechend größer, wenn auch keineswegs unbeschränkt. Um das Wesentliche dieser Lyrik zu treffen, muß die Übersetzung die Methode der Autorin aufgreifen und versuchen, mit einem in ihrem Sinn gewählten Wortmaterial eine ähnliche Gestalt und dieselbe Verdichtung zu erzeugen wie im Original.

Es finden sich Sätze im Neuen Testament, die sich auf Aleksandr Men beziehen lassen und seine Außerordentlichkeit und sein Verfolgtwerden unterstreichen – natürlich andere als die, in denen Jesus von den Angriffen auf sich spricht: »*Denn alle Gottesverheißungen sind Ja in ihm und sind A.MEN in ihm …*« (2. Kor. 1,20); »*… und es werden ihn sehen alle Augen und die ihn zerstochen haben; und werden heulen alle Geschlechter der Erde. Ja, A.MEN.*« (Offenb. 1,7); »*… das sagt, der A.MEN heißt, der treue und wahrhaftige Zeuge, der Anfang der Kreatur Gottes*« (Offenb. 3,14). Das Wort »Amen« – mit der ungefähren Bedeutung »so ist es«; »amin« heißt auf hebräisch »zuverlässig« – läßt sich auf ähnliche Weise als der Name A. Men lesen wie das russische »Menja«.

In der deutschen Version des Gedichts ist »Rom« anagrammatisch verknüpft mit dem MOeRDER, dessen HAND seine scHANDe bedeutet; die Axt verbindet sich mit der Macht ((m)axt), und die im Schafspelz eingeschlossene Volksversammlung wird zum VOLK – statt Wolf – im Schafspelz. Die HÖLLEN(AD)-Feuer brennen im Tiegel, und der letzte Vers, der noch einmal den Namen A. Mens enthält (Do vreMeni, etwa: bis die Zeit gekommen ist), lautet auf deutsch l a.men to.

3. »h(n)immel(r)WERDs«: Zerlegen, Verdichten

Eine gleichsam buchstabengenaue Lektüre eines weiteren exemplarischen Gedichts kann verdeutlichen, wie die beiden wichtigsten Verfahren – Anagramm und Verklammerung, Zerlegen und Verdichten – bei Anna Altschuk und in der Übersetzung ihrer Lyrik ineinandergreifen und eine große Dynamik und Pointiertheit erzeugen. Das Gedicht stammt aus dem Zyklus »neBU«: deutsch sowohl »an den Himmel« als auch die verkürzte Ankündigung bzw. Weigerung »(ich) WERDE nicht«; die Übersetzung des Titels für den vorliegenden Band sucht beide Bedeutungen zu vereinen: »h(n)immel(r)WERDs«.

Zentrales Motiv des Gedichts ist, wie oft bei Anna Altschuk, die Höhe des Himmels (noch öfter ist es die Tiefe des Wassers). Das Gedicht wird Verszeile für Verszeile in kyrillischer Schrift, darunter lateinisch transliteriert sowie in einer Interlinearversion mit Varianten wiedergegeben:

(1) в иллюминаторе – кры(ЛО
   v illjuminatore- kry(LO
   im bullauge/in der luke – flüg(EL; BLÜTEN

(2) ПАСТЬ) в пасть
   PAST') v past'
   BLATT/SCHAUFEL//STÜRZEN/FALLEN) in den schlund/
   rachen/maul

(3) гряд
   grjad
   der komm/nah/künft//reihen/ketten/züge/bänke/streifen/
   schichten/watte

(4)   ущих в шуме

        uščich v šume
        enden/igen im lärm/sausen/brausen/rauschen der
(5) облаковых
    oblakovych
    wolken-
(6) (гор
    (gor
    (gebürgsc
(7)   анти я) увидеть землю
         anti ja) uvideť zemlju
        haf(f)tung/gewähr/gewißheit/garantie/sicherheit/ver-
bürgt//gar anti ich) die erde zu sehen
(8)
(9) игрушечной …[5]
    igrušečnoj
    spielzeugklein …

Mit Bullauge und Flügel in Vers (1) ist der Blick aus dem Flug-
zeug umrissen. Das letzte Wort, Flügel (krylo), wird durch ei-
ne Klammer und danach einsetzende Großschreibung unterbro-
chen, Signal dafür, daß sich hier Wortteile und unterschiedliche
Bedeutungen überlappen und mit den letzten beiden Buchsta-
ben »LO« zugleich ein neues Wort beginnt, das im nächsten Vers
(2) fortgesetzt wird: »lopasť« heißt Schaufel, Blatt etc., auch Blü-
tenblatt. Natürlich ist auch ein Versbeginn ein Zeichen für An-
fang, und tatsächlich kann das »pasť« aus »lopasť« auch allein
stehen und bedeutet dann fallen, stürzen. Wohin? Wiederum
»v pasť«, in den Schlund oder Rachen – Worte, deren deutsche
Gestalt leider das Stürzen nicht wiederholen. Vers (3) ist im Rus-
sischen ganz kurz und, wie die Länge der deutschen Interline-
arversion zeigt, vieldeutig: »grjad« ist der Genitiv Plural von:
Ketten, Züge, Bänke, Streifen, Schichten – alles Wolkenforma-
tionen, in deren »Schlund« der Sturz gedacht wird. Wenn man

5 Siehe im vorliegenden Band S. 61.

aber weiterliest und die Stufe zu Vers (4) hinabsteigt, entdeckt
man, daß »grjad« zugleich Teil von »grjaduščich« ist: der künfti-
gen, kommenden, nahenden. Mit einem winzigen Krebsgang an
den Versbeginn anknüpfend, »uš-čich v šu-me«, wird ein Sau-
sen, Rauschen, Brausen ins Spiel gebracht (und nachgeahmt),
das nicht ganz zur bisherigen Vorstellung eines stürzenden, im
Sinkflug begriffenen Flugzeugs paßt. Der Sturz geht wohl nach
oben, in Richtung der nahenden (5) Wolken- (6) -berge, mit sich
öffnender Klammer am Versbeginn, die erst im nächsten Vers (7)
geschlossen wird und die beiden weiteren Elemente des dreige-
teilten Wortes mit den »Bergen« vereint; »gorantija«, eine leicht
verfremdete, in der Aussprache identische Version von »garanti-
ja«, der »Garantie« (die Erde zu sehen), in deren Buchstabenfol-
ge »Anti-Ich« steckt. Es folgt (8) eine Leerzeile, die auch räum-
lich und im Tempo den Abstand herstellt zur letzten (9), dem
Blick von oben auf die spielzeughafte Erde oder Welt, von der be-
freit zu sein auch die Befreiung vom Ich bedeuten könnte.
Wie kommt man von der deutschen Interlinearübersetzung zu
einem poetischen Text? Wie lassen sich die vielen Elemente so
verschachteln, daß sie, wie bei Anna Altschuk, eine konzentrier-
te, in der Dynamik und der Arbeit mit der Lautseite der Sprache
vergleichbare Gestalt ergeben? Durch Listenführen, Kombinie-
ren, Herumspinnen; indem man auf eine Eingebung wartet: Flü-
gel, Tragflügel, Tragfläche, Ruderblatt, Tragblatt, Flugblatt; Ra-
chen, Schlund, Maul, Watte, Falle, Tal, Schlucht, Abgrund; flü-
gelblätterblatt tragflächensturz fallrachenschichten sturzflug,
luke flugblattsturz bullauge tragblattfall flügelblattsturz flügel-
blattflug.
Und schließlich durch Auswählen, Verschieben, Reduzieren:

in der luke – (T)RAG
FLU(e)Gel in den rachen der
ANTI
(zipierten)

wolkenschICHten
geBi(Ü)RGSCHAFT
die erde zu sehen

spielzeugklein …

4. »ver(s) brecher der winde …« Naturlyrik als Sprachphilosophie

Um eine poetische Elementenlehre handelt es sich bei Anna Al-
tschuks Werk jedoch auch in einem weiteren, thematischen Sin-
ne, der die formalen Operationen des linguistischen Zerteilens
und Verdichtens überschreitet. Ihr avantgardistisch-experimen-
telles Schaffen ist durchzogen von klassischen, bisweilen sen-
timental anmutenden Motiven einer Naturpoesie, die auf den
Elementen Erde, Feuer, Wasser und Luft basiert. Der russische
Literaturkritiker Dmitrij Bawilskij sieht den Gedicht-Zyklus der
Zwölf rhythmischen Pausen nach diesem tetralogischen Prin-
zip in zentrale Sinneinheiten gegliedert, wobei das jeweils do-
minante Motiv nicht durch einen direkten Verweis plakativ ein-
geführt, sondern in der ersten Zeile als »Wort-Kammerton«
(slovo-kamerton) suggestiv instrumentiert werde. Insbesondere
Wind und Wasser sind im Gesamtwerk der Dichterin allgegen-
wärtig – als mythische Symbole (Styx, Lethe) sowie als suggestive
Naturbilder, die oftmals eine Nähe zu chinesischen und japani-
schen Gedicht-Miniaturen aufweisen (Hokku, Tanka). Pflanzen
durchziehen die meisten ihrer poetischen Gedankengebäude,
zumeist als Bäume, Blätter, Ranken oder Moose, seltener findet
sich Blühendes, Buntes, wie generell die Farbskala der Gedichte
von gedämpftem Grün und Blau bis zu Grau reicht.
In dem Federico García Lorca gewidmeten Gedicht[6] aus dem
späten Zyklus OVOLS|ELAKOV/ETROW (1996-1999) fallen

---

6 Siehe S. 43 im vorliegenden Band.

beide Facetten dieser Elementenlehre, die linguistische Separationskunst und die poetische Naturphilosophie, zusammen. Formal ist der Text gekennzeichnet durch die skizzierten Verfahren der Wortspaltung und semantischen Dynamisierung. Die anagrammatische Formel »vzdoch/chod zverja«, wörtlich in etwa als »Seufzer/Gang des Tieres« zu übersetzen und möglicherweise als metaphorische Beschreibung des verlebendigten Meeres zu entschlüsseln, läßt sich im Deutschen nicht wiedergeben. Sie scheint in der Übertragung sinngemäß im »Seufzer der Kreatur« auf; das wortmanipulative Verfahren wandert in die folgenden Zeilen, wird allerdings nicht mittels Anagramm oder Palindrom umgesetzt, sondern über die von Altschuk gleichfalls perfektionierte Technik der Ein- und Ausklammerung, etwa im »ur ge(s)tüm«. In ebendieser Konstruktion kommt auch die programmatische Verklammerung von Dichtkunst und Naturgewalt zum Ausdruck, die so subtil wie bestimmt ein emphatisches Bild vom Dichter als Bändiger des (Un)Sinns zeichnet. Dabei spielt der Autorin eine lexikalisch-semantische Besonderheit der russischen Sprache in die wortmanipulativen Hände: das russische Wort für »Vers« (stich) weist eine poetologisch wertvolle Nähe auf zum Begriff für die natürlichen Elementarkräfte (stichija). Auf dieser Äquivalenz und ihren diversen Ableitungen beruht die formale und semantische Dynamik des Gedichts im ganzen. Neben dem Bezug auf die Naturgewalten lassen sich aus dem russischen Wort für »Gedicht« (stichotvorenie), zusammengesetzt aus »stich« (Vers) und »tvorenie« (Schaffen), jedoch noch einige andere produktive Sinnkomponenten im wörtlichen Sinne herausspalten, zum Beispiel der »Dieb« (vor), der in der poetischen Übertragung den »ver(s) brecher der winde« motiviert. Interessant ist es, diesem programmatischen Gedicht der Spätphase, in dem sich metapoetische Aussage und Naturlyrik so eng miteinander verbinden, einen Text aus dem frühen Schaffen gegenüberzustellen. Denn nur auf den ersten Blick scheinen die traditionellen Verse der ersten Werkperiode – in ihrem für die 1980er Jahre fast anachronistischen Rückgriff auf Reim und Versmaß – kaum etwas mit dem neoavantgardistischen Formexperiment der folgenden Zyklen gemeinsam zu haben.

5. Von Kathedralen-Gedichten zu Sprach-Ruinen: Verbindungen zwischen Früh- und Spätwerk

In dem frühen Gedichtband *Syrinx*, der Texte aus den Jahren 1981-1984 umfaßt, findet sich eines der zahlreichen Widmungsgedichte Altschuks an den akmeistischen Dichter Ossip Mandelstam. Der Text[7] weist ungeachtet seiner formalen Unterschiede eine Reihe von Korrespondenzen zum García Lorca zugeeigneten Gedicht auf. Auch hier durchdringen sich poetische und natürliche Materie in der »durchsichtigen Luftorgel«, auch hier erscheint der Dichter als Bändiger der Elemente – des Wassers wie der Sprache –, die er/sie auf der »Insel« des weißen Blatts zum momentanen Stillstand bringt. Einige weitere Motive stellen klare Reminiszenzen an das Werk Mandelstams dar, etwa die Bildlichkeit des Steins, die Insektenmetaphorik und – in einem abstrakteren Sinne – die Ausrichtung auf Vertikale und Horizontale, Leichtigkeit und Schwere (Ozean – Himmel, Stein – Libelle).

Ähnliche Parallelen lassen sich auch zwischen den Architekturgedichten der Frühphase, etwa »Mariä-Gewandlegungskathedrale« oder »Schloß Ostankino«, und den ›Ruinen-Texten‹ (»Wiepersdorf«) der späten Jahre entdecken. Letztere stellen sozusagen die sprachlichen Schwundstufen ersterer dar, illustrieren das Zusammenziehen und Auseinanderfallen einer geschlossenen architektonischen Struktur, die nun einen nachgerade physiologischen Charakter erhält – auch dies eine Reminiszenz an Ossip Mandelstam, der von der »göttlichen Physiologie« der Ka-

7 Siehe S. 111 im vorliegenden Band.

thedrale (božestvennaja fiziologija) sprach. Ahmt im Schloß die künstlerisch geschaffene Ranke aus Stuck die Natur noch konkret bildlich nach, ragen die Gedanken in der Ruine wie wilde Zweige durch die Zargen der zerborstenen Fenster der verlassenen Kaserne (Siehe S. 37). Naturphilosophie ist für Anna Altschuk, wie bereits am Beispiel von García Lorca als »ver(s) brecher der winde« illustriert, eben immer auch Sprachphilosophie: einmal metaphorisch realisiert im klassischen Symbol der Biene als Trägerin der poetischen Inspiration (»Niemals wird vergeben sein«), ein andermal strukturell umgesetzt im plastischen Zerfall der verbalen Elemente.

Die Schwierigkeiten der Übersetzung bewegen sich bei den frühen Versen Altschuks im traditionellen Rahmen der Übertragung von Versmaß und Reim. Wobei darauf hinzuweisen ist, daß Anna Altschuk mit den klassischen Versmaßen innovativ arbeitet. Der im russischen Original des »Libellen-Gedichts« (S. 111) vorliegende jambische Rhythmus etwa wird durch die Auslassung von metrisch vorgeschriebenen Betonungen und die unterschiedlichen Längen der Verszeilen geschickt variiert. Der russische Literaturwissenschaftler Jurij Orlizkij spricht in bezug auf Altschuks rhythmische Technik von einem »heteromorphen Vers« (geteromorfnyj stich), der verschiedene Versmaße abwandelt und kombiniert. Rhythmische und intonatorische Gestaltung sind auch für die scheinbar primär visuell strukturierten Verse der Spätphase von Bedeutung, was programmatisch im Titel des Zyklus der *Zwölf rhythmischen Pausen* zum Ausdruck kommt.

Visuelles Erscheinungsbild und artikulatorischer Vortrag stehen mithin im Schaffen Altschuks gleichwertig nebeneinander, als verschiedene Modi der Perzeption und Interpretation, die jeweils mit eigenen Verlusten und Gewinnen an Sinn und Sinnlichkeit einhergehen. Und wieder stellt die russische Sprache der Dichterin ein Anagramm zur Verfügung, das diese Grundspannung auf elementarer Ebene in sich birgt: Das Wort für Stimme, »golos«, ist aus den gleichen Buchstaben zusammengesetzt wie »logos«. Die Magie des sprachlichen Zufalls spannt die semantisch-rationale und physiologisch-emotionale Komponente der Poesie zusammen. Die Übersetzung des Anagramms in »smysl(i) sol'/ GO LOgoS« als »Sang und Salz des / StimmSinns« versucht dem – wenigstens näherungsweise – über die stark markierten Alliterationen Rechnung zu tragen.

Die mit dem Verhältnis von Semantik und Sensorik zusammenhängende Frage der Interpretierbarkeit der Gedichte Anna Altschuks ist nicht generell zu beantworten. Ihre Verstechnik – insbesondere der späten Jahre – ist gerade darauf ausgerichtet, multiple, einander ausschließende, paradoxe Lektüren zu ermöglichen. Oftmals ist eine über die klanglichen Korrespondenzen hinausgehende Entschlüsselung jedoch auch gar nicht möglich. Hier ist die Übersetzung in besonderem Maße herausgefordert, Über-Interpretation und semantischer Vereinheitlichung zu widerstehen.

Der russische Literaturwissenschaftler Lorens Blinow schließlich stellt der klassischen, erklärenden Interpretation von Anna Altschuks Dichtung eine radikale Alternative gegenüber. Zwar attestiert er ihrer »Vers-Schiebe-Kunst« (sdvigologija), mit der sie die gleichnamige Technik und Tradition der russischen Futuristen fortsetzt, eine »gewisse Logik« (opredelennogo roda logika). Doch fordert er kategorisch deren Ausblendung, um zum paradoxalen Kern ihrer Wirkung vorzudringen. Aus seiner Sicht sind insbesondere die zahlreichen Versminiaturen als »Koan« zu lesen, als dem Zen-Buddhismus entstammende Sentenzen, deren Bedeutung nicht in ihrem logischen Gehalt, sondern in ihrer spontanen Wahrnehmung bestehe. Die impliziten und expliziten Bezüge Altschuks auf die japanische und chinesische Dichtung und Philosophie lassen eine solche Lesart, deren Sinn darin besteht, »die Sprache in der Schwebe zu halten« (Roland Barthes über die dem Koan verwandte Gattung des Hokku), gleichfalls als plausibel erscheinen. *schwebe zu stand*, der Titel der hier präsentierten Gedichtauswahl, beschreibt damit sowohl die innere Machart der Texte als auch eine Möglichkeit ihrer Lektüre.

Berlin, April 2010

»Die Wurzeln gekappt ...« Die Poesie im Leben von Anna Altschuk   *Von Michael Ryklin*

1

Am 25. November 2007 kamen meine Frau Anna Altschuk und ich in Berlin an. Zum ersten Mal waren wir nicht geflogen, sondern mit dem Zug gefahren; an Büchern und anderem Gepäck hatten wir wesentlich mehr dabei als sonst. Wir hatten schon häufig längere Zeit in Frankreich, den USA, in England und Deutschland verbracht, aber diesmal war es keine gewöhnliche Ankunft – wir hatten Moskau wenn nicht für immer, so doch für eine lange, vielleicht sogar sehr lange Zeit verlassen müssen.

Noch bis Ende der neunziger Jahre hatte sich Anna Altschuk mit Kunstprojekten beschäftigt, Rezensionen und Artikel geschrieben, sie hatte literarische Abende veranstaltet, Künstler und Autoren miteinander ins Gespräch gebracht und in einem großen Freundes- und Bekanntenkreis dafür gesorgt, daß das Gespräch über Poesie und bildende Künste nicht abriß. Doch all das war Vergangenheit. Seit man sie im Verfahren um die Ausstellung »Achtung, Religion!« vor Gericht gestellt hatte, waren ihr in Rußland alle Türen verschlossen. Das gesellschaftliche Klima, das sich seit dem Machtantritt Wladimir Putins 1999 und dem Beginn des zweiten Tschetschenienkriegs entwickelt hatte, erwies sich als extrem ungünstig. Der Kulturjournalismus, der Feminismus und die aktuelle Kunst hatten zu Beginn des neuen Jahrtausends ihren kritischen Schwung verloren, teilweise hatten sie sich kommerzialisiert, teilweise einfach aufgelöst.

Was Anna Altschuk noch blieb, war die Poesie, eine sehr persönliche und viel weniger von den äußeren Umständen abhängige Kunst. Die Lyrik war der einzige Bereich, in dem man sein Wort noch sagen konnte. In der Poesie, das war Annas Trost, herrschten, anders als in der zeitgenössischen bildenden Kunst, weder das große Geld noch staatlicher Druck; hier gab es noch Menschen, die sich der künstlerischen Wahrhaftigkeit verschrieben hatten. Während ihres Strafprozesses träumte sie, wie sie mit bildenden Künstlern am Ende eines riesigen Tisches sitzt, unter ihnen nicht wenige Freunde, Menschen, die sie bei der ersten Andeutung verstehen. »Aber am anderen Ende des Tisches tauchen Lyriker auf. Und obwohl ich mit diesen nicht so gut bekannt bin wie mit den Künstlern, ist mir klar, daß ich bei ihnen sein sollte, daß ich jetzt zu ihnen gehöre.« (Tagebuch von Anna Altschuk, Eintrag vom 5. April 2004)

2006 wollte Anna gemeinsam mit einer Berliner Freundin einen Film darüber drehen, wie Menschen Gedichte verstehen. Sie wollte zuerst Kinder befragen, mit gewöhnlichen Menschen und mit Amateur-Dichtern sprechen, die Gelegenheitslyrik schreiben, und dann mit Philologen; zuletzt sollten professionelle Lyriker ihre Gedichte vortragen. In dem Film wollte sie »delikat, unaufdringlich und mit Humor« zeigen, was Lyrik ist, die Spreu vom Weizen trennen.

Ein Jahr später kam sie auf dieses Projekt nicht mehr zurück – ihre Stimmung hatte sich geändert.

Die Poesie blieb ihr, aber Anna empfand sich immer mehr als »Dichter in dürftiger Zeit«. Voller Wehmut dachte sie an das literarische Leben in Moskau zu Beginn des 20. Jahrhunderts: Die Verlage nahmen Manuskripte an, poetische Texte wurden gelesen und besprochen. »wieauchimmereswar, nur nicht wie heute«, so ihr Ausruf im Zyklus *h(n)immel(r)WERDs*, und sie erinnerte sich nostalgisch an den Idealismus der Studentenbewegung von 1968: »IDEA LISTY[8]/abgefallen/36 aufgeschichtete Jahre«. Schmerzlich spürte sie das Inaktuelle ihrer Lyrik zu einer Zeit, in der Nationalismus und ein primitives, überdrehtes Konsumverhalten triumphierten.

Der Entschluß, der Heimat den Rücken zu kehren, fiel ihr sehr

---

8 »listy«, abgetrennter Teil des Wortes »Idealisten«, bedeutet »Blätter« oder »Laub« und spielt, wie häufig bei Anna Altschuk, auf Wassilij Rosanows vielstimmige Prosaminiaturen »Abgefallene Blätter« an. (Anm. d. Ü.)

schwer. Während ihrer Auslandsaufenthalte hatte sich Anna immer nach Moskau gesehnt, nach den Freunden, der Familie, ihrem Milieu, ihrer Muttersprache. »Das Russische ist mein größter Reichtum, mein einziger Luxus«, schrieb sie im Tagebuch, »aber es ist auch mein goldener Käfig. In anderen Sprachen kann ich nicht Hundertstel dessen ausdrücken, was mir auf russisch möglich ist.« (13. Dezember 2005)

Die Erfahrung, als Künstlerin monatelang vor Gericht zu stehen, bedeutete einen tiefen Einschnitt in ihr Leben. Sie hatte sich im Januar 2003 an der Ausstellung »Achtung, Religion!« im Moskauer Sacharow-Zentrum beteiligt, die kurz nach Eröffnung verwüstet wurde. Doch nicht die Vandalen – sechs Mitglieder einer russisch-orthodoxen Kirchengemeinde – sahen sich öffentlicher Ächtung und juristischer Verfolgung ausgesetzt, sondern die

Ausstellungsmacher und Künstler. Sie wurden 2004 des »Schürens nationalen und religiösen Zwistes« angeklagt und mit Gefängnisstrafen bedroht. Als einzige von mehr als vierzig Teilnehmern der Ausstellung wurde Anna Altschuk vor Gericht gestellt. Seit dieser Zeit tauchte in ihrem Tagebuch zunehmend häufiger ein Gedanke auf, der früher undenkbar gewesen wäre: In diesem Land kann man nicht leben. Sobald der Prozeß zu Ende ist, müssen wir es verlassen. Und obwohl das Gericht sie nach einem fünfzehnmonatigen Prozeß freisprach, änderte sich an der Entscheidung, Moskau zu verlassen, nichts.

In Berlin angekommen, war Anna bemüht, sich und andere glauben zu machen, daß es ihr hier gut gehe, daß wir uns in der »Zone der Meistbegünstigung« bewegten. In Berlin hatte sie Freunde, sie lernte die Sprache, richtete sich am neuen Ort ein.

All das hätte man glauben können, doch die zu jener Zeit geschriebenen Gedichte sagen etwas anderes. Die Lyrik ist ein Spiegel des Unbewußten, ein sehr viel feineres und zuverlässigeres Barometer, und der Zeiger dieses Barometers zeigte auf Sturm. In den letzten Gedichten dominiert ein einziges Thema: Weggehen, Tod und das Beenden eines Lebens, das als »blankes ufer«, als »Unsinn« imaginiert wird. Die Autorin verabschiedet sich von der kalten Welt und verlangt – außerhalb ihrer – nach einer anderen, besseren Welt. Am 7. Februar 2008 schließt sie »unbeschwertheit leb wohl« ab, ihr letztes Gedicht, in dem alle Fäden zusammen- und auf den Kulminationspunkt zulaufen. Wie auch viele frühe Gedichte steht es in der ersten Person Singular. Verlassen, von allen verraten (»nicht zur andacht / zum ausverkauf / bringt man mich«), einsam, »E LaEND« (d.h. unglücklich und zugleich vor der Schwelle des »landes eden« befindlich) steht die Dichterin am »rAND« (am äußersten Punkt dieser Welt und zugleich auf der Schwelle einer anderen, des Paradieses), bereit, den »rubikon« zu überschreiten, mit dem Urgrund der Poesie (der »PAN flöte syrinx«) zu verschmelzen, der schon nicht mehr hier liegt, in der Welt, die sie verraten hat, sondern jenseits des Lebens, hinter dem »rAND«. Ihre Heimat liegt nun dort, nur »sie verrät nicht / erfriert nicht den atem«.

Unter den Autoren, die sie beeinflußt haben – Zwetajewa, Mandelstam, Chlebnikow, García Lorca –, ist auch die japanische Dichterin der Heian-Zeit Ono no Komachi. Anna führte immer wieder ein und denselben Fünfzeiler an: »Gekappt die Wurzeln / des treibenden Trauerkrauts. / So bin auch ich ohne Obdach. / Leichten Herzens werde ich schwimmen mit dem Strom, / sobald ich höre: ›Schwimm‹«.

Annas letztes Gedicht ist gewissermaßen ein Palimpsest, es reproduziert exakt alle Themen des Fünfzeilers von Ono no Komachi.

Am 21. März 2008 ging Anna Altschuk in Charlottenburg aus dem Haus und kam nicht zurück. Drei Wochen suchte man sie vergeblich. Am 10. April wurde ihr Körper im Zentrum Berlins, bei der Mühlendammschleuse, gefunden.

2

Als wir uns kennenlernten, war Anna Altschuk 18 Jahre alt.

Gedichte hatte sie schon als Schülerin geschrieben. Als Dichterin aber fühlte sie sich erst später, seit Herbst 1976. Der früheste und darum unauslöschliche Einfluß auf ihre Gedichte ging von Marina Zwetajewa aus, von einer Lyrik, der es um den Ausdruck des unverstellten – wie Puristen damals fanden, provozierend unverstellten – weiblichen Gefühls mittels eines virtuos gereimten, rhythmisch raffinierten Verses geht.

Ihr Lieblingsdichter blieb jedoch Ossip Mandelstam. Ihm ist eines der frühesten Gedichte (1977-1979) im vorliegenden Band gewidmet: »Für Ossip Mandelstam. Der Lüfte Orgel unsichtbar«. Verdeckte Zitate aus Mandelstams »Schwalbe« (»Das Wort vergaß ich«, 1920) bilden das Gerüst des Gedichts »im fenster – / blumen und vögel«; Epigraphe von Mandelstam geben die Themen ihrer letzten Gedichte vor: »mach (dich) los …« (2007) und »berliner bahnhof« (2006).

Wir kennen das tragische Schicksal Zwetajewas und Mandelstams: Die Dichterin brachte sich, zu Tode gehetzt, mit 48 Jahren um; Mandelstam wurde zweimal mit der Strafe der Verbannung belegt und verhungerte mit 47 Jahren in einem Durchgangslager bei Wladiwostok.

Anna begann mit gereimten Gedichten (sie bilden ihren ersten Gedichtband *Namen*, 1977-1981), die man in der russischen Tradition mit den Namen der Klassiker verbindet; aber schon bald wandte sie sich dem vers libre zu, der zeitgemäßeren poetischen Form. In rhythmisch freiem, ungereimten Vers ist der größere Teil der Gedichte geschrieben, die in einen nächsten Band mit dem Titel *Syrinx* (1981-1984) eingingen.

Damals gab es für Lyriker, die nicht Mitglied im Schriftstellerverband waren, zwei Möglichkeiten, über fremde Gedichte zu sprechen und die eigenen zu lesen: die Lyrikzirkel (damals nannten sie sich Literaturvereinigungen) an der Moskauer Staatsuniversität und bei der Zeitschrift *Junost* (Jugend) oder private Wohnungen, in denen man literarische Abende bei Tee und

belegten Broten veranstaltete. Anna las ihre Gedichte sowohl in den Vereinigungen als auch in Wohnungen. In einer dieser Wohnungen hörte sie zum ersten Mal Genrich Sapgir, und sie lernte den 19jährigen Gleb Zwel kennen. Beide sollten ihre eigene Arbeit beeinflussen.

3

Etwa ab 1984 ist Anna Altschuk mit der bisherigen Metrik ihres Verses – dem strengen Rhythmus, der drängenden Intonation und dem energischen Schluß nicht mehr glücklich. »Sie hängt mir zum Hals heraus«, bekennt sie im Tagebuch (27. Oktober 1984). Sie schreibt jetzt fragmentarischer und in formaler Hinsicht freier, inspiriert von Vorbildern der japanischen Poesie, die auf Russisch in guten Übersetzungen von Viktor Sanowitsch vorlagen. »Meine Verse neigen immer mehr der japanischen Dichtung zu, auch wenn sie wegen ihrer rhythmischen Freiheit niemals damit verschmelzen werden.« (Tagebuch, 29. Oktober 1984) In zwei Jahren glückten Anna Altschuk nur zwölf kleine Gedichte, mit denen sie zufrieden war und die das Bändchen *Zwölf rhythmische Pausen* (1984-1985) bilden. Diese Texte sind stärker meditativ, »weniger autoritär im Rhythmus«, wie die Autorin selbst befindet: Der letzte Satz bleibt in jedem Gedicht offen, bricht gewissermaßen ins Unendliche ab.

1987 gründet Anna Altschuk gemeinsam mit Gleb Zwel den Klub der Geschichte der zeitgenössischen Poesie und veranstaltet Ausstellungen, Lesungen und Vorträge. Parallel dazu gibt sie die Samisdat-Zeitschrift *Paradigma* heraus, die der zeitgenössischen Literatur, besonders der Lyrik gewidmet ist. In dieselbe Zeit fallen ihre ersten öffentlichen Lyrikabende, sowohl solo als auch gemeinsam mit anderen Lyrikern.

1986 lernt Anna Altschuk Autoren und bildende Künstler aus dem Kreis des Moskauer Konzeptualismus kennen und freundet sich mit ihnen an: mit Andrej Monastyrskij, Pawel Pepperstein, Wladimir Sorokin, Dmitrij Prigow und anderen. Es war eine

Gemeinschaft von Gleichgesinnten. Aus der literarisch und künstlerisch verheerenden sowjetischen Erfahrung hatten die Konzeptualisten eine wichtige Lehre gezogen: keinerlei »unverstelltes Gefühl«, keinerlei Pathos, keinerlei Überschwang. Ausdruck war nur zulässig als Parodie oder in ironischer Form, unter unbedingter Wahrung der Distanz. Obligatorisch war in den Arbeiten der Künstler dieser Schule die Reflexion über die soziale Funktion der Sprache, eine originelle Variante der Dekonstruktion der totalitären Ideologie.

Anna hat von den Konzeptualisten viel gelernt. Im Herbst 1988, einer außerordentlich produktiven Phase, entstanden konzeptuelle, experimentelle Gedichtzyklen – die »Einzeller«, »Weiß« und »WORTSTÜCK«. Einer der führenden Lyriker der älteren Generation der Konzeptualisten, Wsewolod Nekrassow, nannte die »Einzeller« »Anna Altschuks vielleicht glücklichsten Wurf«. Die langjährige Freundschaft mit den Konzeptualisten und deren Einfluß auf die eigenen Arbeiten bedeutete nicht, daß Anna alle Postulate dieser Schule übernommen hätte. Sie blieb in mehrerer Hinsicht eine Dichterin im klassischen Sinne des Wortes. Ebenfalls 1988 schloß sie den Band *all ein* (1986-1988) ab, der die Ästhetik der *Zwölf rhythmischen Pausen* in eine Richtung weiterentwickelte, die frei war von unmittelbaren Assoziationen zur japanischen Lyrik.

all ein nimmt charakteristische Eigenheiten der späteren Gedichte vorweg. Ihr stimmlicher Vortrag ist nur unter Verlust von wichtigen Bezügen innerhalb eines Verses möglich, doch handelt es sich, anders als bei den »Einzellern« und »WORTSTÜCK«, nicht um visuelle Poesie. Die Sprache verharrt hier in einem präsemantischen, »vorgrammatischen« Zustand: Teile von Wörtern überschneiden sich, gehen ineinander über, Neologismen werden zur Regel, Wörter in ihrer vertrauten, ihrer »Wörterbuch«-Bedeutung dagegen zur Ausnahme. In diesem poetischen System ist die Sprache gewissermaßen noch im Werden, in einem lavaähnlichen Zustand. Der Sinn dieser Verse läßt sich durch den stimmlichen Vortrag allein nicht ausschöpfen; sie verlangen dem Lesenden phonetisch Unmögliches ab – einen Vortrag mit mehreren Stimmen zugleich. Die optimale Art sie zu lesen ist der »stumme« Vortrag von mehreren, simultanen inneren Stimmen. In *all ein* werden gezielter und wirkungsvoller als früher runde Klammern eingesetzt, die ein Wort vom anderen trennen und es wiederum mit anderen zusammenschweißen, ebenso Großbuchstaben, die zusätzliche Lesarten eröffnen, sowie miteinander verwachsene und zertrennte Wörter; in diesem Band gibt es praktisch keine Satzzeichen, die Anfang, Ende und Mitte des Verses markieren. Gelenkt wird die so gewonnene poetische Lava von einer eigenwilligen, komplexen Rhythmusmelodie, die in jedem der 19 Teile des Zyklus einen anderen »Zug« hat.

4

Nach den vielfältigen Experimenten des Jahres 1988 tritt in Anna Altschuks poetischem Werk eine Pause ein, die ganze sieben Jahre dauert – von 1989 bis 1996. Anna beschäftigt sich mit zeitgenössischer Kunst, Photographie und Journalismus. In den USA, wo wir 1992/93 lebten, begann sie sich für den Feminismus zu interessieren, doch übertrug sie seine Konzepte nicht mechanisch auf Rußland. Dort hatten sich die Frauen in der sowjetischen Zeit fast sämtliche traditionell männlichen Berufe erobert, darunter so angesehene wie Ärztin, Universitätsprofessorin oder Juristin. Oft waren sie es, nicht die Männer, die das Familieneinkommen bestritten. An dieser Situation änderte sich auch nach dem Zerfall der Sowjetunion wenig. Ein neuer russischer Feminismus, fand Anna, hatte von dieser Realität auszugehen, statt ihr fremde Konzepte überzustülpen.

Gedichte schrieb Anna erst wieder 1996, und von da an ohne Unterbrechung bis zu ihrem Tod.

So läßt sich ihre Arbeit mit dem Wort – und bei aller Vielfalt ihrer Interessen betrachtete sich Anna vor allem als Lyrikerin – in zwei gleich lange, sogar in den Endziffern der Jahreszahlen übereinstimmende Perioden von jeweils zwölf Jahren einteilen: 1976-1988 und 1996-2008.

In den letzten zwölf Jahren schrieb sie *ELAKOV / ETROW* (Gedichte 1996-1999), *h(n)immel(r)WERDs* (Gedichte 2000-2004) und *AUSSER DEM* (Gedichte 2005-2008).

Beginnend mit *ELAKOV / ETROW* entfernt sich Anna Altschuks Lyrik noch stärker vom Narrativen und begibt sich entschlossen auf die präsemantische Ebene. Kritiker schrieben von »Sinnkompression«[9], von »nächtlichen Sprachlandschaften, wo alles noch halb geschmolzen ist«[10], von der besonderen »Graphik und

---

9 Natal'ja Fateeva, «Novye opyty v starom žanre», in: Anna Alčuk, Natal'ja Azarova, 57577. Perepiska v forme tradicionnoj japonskoj poèzii [»Neue Versuche in einem alten Genre«, in: Anna Altschuk, Natalja Azarova, 57577. Briefwechsel in der Form der traditionellen japanischen Lyrik], Moskva, Gnosis-Logos 2004, S. 3-5
10 Nina Gabrièljan, Jazykovye strategii Anny Alčuk, in: Poètika iskanij i poisk poètiki

Energie der Großbuchstaben«[11]. Zu Recht wurde auch ange-
merkt, daß diese Gedichte vom Leser nicht passive »Aufnahme«
verlangen, sondern schöpferische Beteiligung, im Idealfall eine
eigene, von der des Autors unabhängige Interpretation[12].

Man hat Anna Altschuks Gedichte dem Postfuturismus zuge-
rechnet. Diese Strömung vertritt ein vergleichsweise kleiner
Kreis von Lyrikern (Konstantin Kedrow, Jelena Kazjuba, Sergej
Birjukow, Sergej Sigej, Ry Nikonowa, Gleb Zwel), die das von
Chlebnikow, Majakowskij und Krutschonych begonnene und in
der Stalinzeit gewaltsam abgebrochene Experiment an der poe-
tischen Sprache fortführen.

Anna fühlte sich diesen Dichtern tatsächlich verwandt, sie hielt
die eigenen Verse für experimentell und stimmte ihrer Zuord-
nung zum Postfuturismus zu.

Doch aus der Beschreibung der poetischen Verfahren wird nicht
klar, *warum* sie eben in dieser Weise schrieb. Woher dieses un-
ablässige Bestreben, zum präsemantischen Zustand der Sprache
zurückzukehren? Worauf gründet die Überzeugung der Dichte-
rin, daß »die Sprache auf jeder Mikroebene Struktur besitzt, ih-
re MonuMENTALITÄT beweist«, wie sie im Mai 2003 in Mos-
kau auf einer Konferenz über »Neue Sprachen in der Poesie« be-
hauptete?

Anna Altschuk schätzte an Dichtern besonders die Fähigkeit, die
reale Welt mit der virtuellen zu verschmelzen. Von den älteren
Zeitgenossen hatte der bekannte Kinderschriftsteller und Dich-
ter Genrich Sapgir wohl den größten Einfluß auf ihr Verständnis
der Poesie. Insbesondere schätzte Anna sein ausgeprägtes Ver-
mögen, »leicht, ohne sichtbare Anstrengung und Pathos über die

[Sprachliche Strategien Anna Altschuks, in: Poetik der Versuche und Suche nach einer Poe-
tik], Moskva, Institut russkogo jazyka 2004

11 Natal'ja Azarova, Predislovie, in: Anna Alčuk, «neBU» [Vorwort, in: Anna Altschuk,
»h(n)immel(r)WERDs«], Moskva, Biblioteka žurnala «Futurum Art» 2005, S. 3

12 Dmitrij Bulatov, Predislovie k sborniku stichov «OVOLS», in: Anna Alčuk, SLOVAREVO
[Vorwort zum Gedichtband »ELAKOV«, in: Anna Altschuk, WORTSTÜCK], Moskva, RA-
MA 2000, S. 59-63

Grenzen des engen Raums hinauszugehen, den man gewöhnlich
›Realität‹ nennt«[13]. Die Kunst des Dichters liegt in der Fähigkeit,
den Leser die Nichtigkeit des Umgebenden spüren zu lassen,
dafür überzeugende und kompakte Metaphern zu finden. Anna
freute sich, als Sapgir nach ihrem Auftritt in der Tschechow-
Bibliothek im November 1998 sagte, daß »meine Lyrik jetzt stär-
ker geerdet und zugleich geistreich sei, daß ich eine russische
Lyrikerin geworden sei, weil meine Verse eben auf diese Rea-
lität Bezug nehmen, daß ich vorangekommen bin.« (Tagebuch,
2. November 1998) Den Tod Genrich Sapgirs im Herbst 1999
bezeichnete sie als ersten großen Verlust ihres Lebens.

Anna Altschuks Lyrik unterscheidet sich in Intonation, Rhyth-
mik, Zeichensetzung und dem Verhältnis von Groß- und Klein-

13 Anna Alʾčuk, Voobraženie i realʾnostʾ v »sloistike« Genricha Sapgira, in: »Velikij Genrich«
[Phantasie und Realität in der »Schichtenlehre« Genrich Sapgirs, in: »Der große Genrich«],
Moskva, RGGU 2003, S. 82

buchstaben von der Sapgirs. Aber etwas Wesentliches, das hinter all dem steht – die Zuversicht, mit Hilfe der Sprache einen Punkt zu erreichen, an dem die pragmatischen Beziehungen verschwinden –, verband sie. Das Aufweichen der Sprache durch das Ineinanderfließenlassen der Worte, das Akzentuieren der Pausen, das Herstellen immer neuer Binnenbezüge auf der Ebene der Silben und selbst der Buchstaben wurde zum »Züchten von Sprachkristallen«, zum Ausbilden einer Welt an der Grenze von Virtuellem und Realem. »Für mich«, unterstrich die Dichterin, »bleiben die traditionellen poetischen Werte aktuell, vor allem der Rhythmus. Man muß ihn jedes Mal neu aufbauen, wie in der Jazz-Improvisation. Bei aller augenscheinlichen Transrationalität sind meine Gedichte mit Sinn erfüllt, allerdings so notiert, daß man sie auf zweierlei, manchmal dreierlei Weise lesen kann. Mit den Mitteln des russischen Alphabets versuche ich den Effekt einer Hieroglyphenschrift zu erzielen.«[14] Die formalen Verfahren waren, mit anderen Worten, nicht Selbstzweck, sie dienten der Wiedergabe einer Stimmung; trotz des freien Flottierens im Ozean der Rhythmen und des Verlassens der klassischen Metrik behält der poetische Text seine lyrische Intention. Oft zeigt sie sich bei Anna unverhüllter als bei traditionell Dichtenden.

Von Virtuellem zu sprechen, ohne mit dem Realen zu brechen – das war lange Zeit Anna Altschuks Devise. Im Verlust der Realität sah sie die Gefahr des Zerfalls der Sprache. »Die Worte«, sagte sie, »binden uns ans Leben.« In ihren Versen spürt man ein feines Netz, das die beiden genannten Welten verbindet und zugleich trennt; das Netz muß so zart geknüpft wie möglich sein, doch es ist lebensnotwendig, unverzichtbar. Die Poesie läßt es zu, sich im Entschlüpfen gegen das Gesellschaftliche zu behaupten, die Welt der menschlichen Hierarchien hinter sich zu lassen, die vom Wort verwandelte Realität in ihrer übersinnlichen

14 Anna Alčuk, Interv'ju 2005 goda (rukopis') [Interview aus dem Jahr 2005, (Manuskript)], S. 2

Schönheit zu betrachten. »Oft stelle ich mir mich als großen Vogel vor. Meine Flügel gleiten ruhig vor dem Abendhimmel, und in einem bestimmten Moment kommt es zu einem unmerklichen Hinübergleiten in die virtuelle Welt jenseits des Spiegels, meine Silhouette wird durchsichtig und verschwindet vom Schirm. Im Moment des Verschwindens verlieren die Worte ihre Festigkeit und zerstreuen sich wie eine Staubwolke« (Tagebuch, 16. April 1997).

Die Realität verlangt, mit anderen Worten, nicht nach Dekonstruktion, sondern nach Verwandlung und *aufhebender Überwindung*. Die Sprache vermag deren offene Kehrseite zu zeigen; dann aber, jenseits des Übergangs, endet ihre Zuständigkeit und es beginnt das, wovor sich der Dichter in acht nehmen muß. Man muß die Realität zwingen, bis an die eigenen Grenzen zurückzuweichen, darf diese aber keinesfalls überschreiten; man muß sich das Medium (die Sprache) erhalten, das die Bewegung erst möglich macht. Die Poesie besitzt ein eigenes Ethos, dessen unabdingbarer Teil die Achtung vor dem spezifischen Gewicht der Sprache ist, vor ihrem Recht, uns an das Leben zu binden.

5

Parallel zum Schreiben von Gedichten notierte Anna seit der zweiten Hälfte der neunziger Jahre ihre Träume. Die Gedichte verwandelten sich darin in die überraschendsten Gegenstände. Einmal träumte sie von einem Buch, in dem die Gedichte als Pflanzschema für dekorative Pflanzen angeordnet waren. In einem anderen Traum fand sie ein Buch von Chlebnikow in Gestalt eines Kreuzes, das aus kleinen Quadraten bestand, in denen die Gedichte standen; es waren Farbphotographien von Kreidehalden, von graugelben Hügellandschaften.

Ihre Gedichte sprach Anna – nicht nur nach meiner Meinung – unangestrengt, artistisch, deutlich die rhythmische Zeichnung akzentuierend. Sie fand Kontakt zum Saal, und die Reaktion des Publikums war gewöhnlich emotional, manchmal begeistert.

(Dabei war eines der wiederkehrenden Sujets ihrer Träume folgendes: Vor einem Auftritt stellte sich unerwartet heraus, daß sie ihren Gedichtband vergessen hatte oder nicht finden konnte, und als sie ihn gefunden hatte, war das Publikum schon gegangen und der Saal leer.) Paradoxerweise war Anna ungewöhnlich kontaktfreudig und zugleich ein schüchterner, nichtöffentlicher Mensch. Öffentliche Auftritte bereitete sie schriftlich vor, trotzdem haderte sie mit ihrer Befangenheit. Dabei trat sie oft mit Musikern und Videokünstlern auf, ihre Gedichte wurden, parallel zum Vortrag durch die Autorin, von Musik begleitet und auf den Bildschirm projiziert. Einmal las sie ihre Gedichte im Ural, in der Stadt Solikamsk: Der Saal war voller Studenten des Pädagogischen Instituts, und nach jedem Gedicht – sie las vor allem frühe Gedichte – gab es begeisterten Applaus.

In einem der letzten Interviews antwortete Anna auf die Frage, wie sie dazu stehe, daß Lyriker Computeranimation verwenden, um ihren Texten mehr Ausdruck zu verleihen, das sei interessant und in unserer Zeit unausweichlich, doch oft wirke die Poesie »auf dem Hintergrund der durchschlagenden visuellen Effekte« ziemlich kläglich, wie eine fakultative Zugabe: »Aufs ganze gesehen ist die Poesie absolut selbstgenügsam und braucht keinerlei zusätzliche Effekte. Ich zum Beispiel lese meine Gedichte am liebsten stumm.«[15] In ihrer Zusammenarbeit mit Musikern, mit bildenden Künstlern (ihre Gedichtbände wurden mehrmals von Künstlern illustriert) und Videokünstlern bewahrte sie sich die eigene Stimme, verschmolz sie auch durchaus mit den Ausdrucksmitteln der anderen Künste (Computergraphik und Musik waren niemals einfache Begleitung ihrer Lesungen), ließ aber nicht zu, daß sie sich darin auflöste. Sie fand, daß die poetische Intonation auf ihre Weise musikalisch, die poetische Notation auf ihre Weise originär graphisch ist und diese Werte vom Zusammenwirken mit der Musik und der bildenden Kunst nur pro-

15 Anna Al'čuk, Interv'ju 2005 goda (rukopis') [Interview aus dem Jahr 2005, (Manuskript)], S. 2

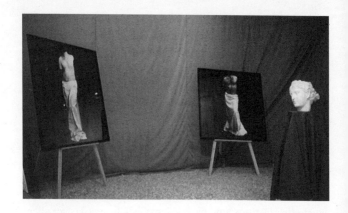

fitieren können. Ihre Poesie war nicht für die Bühne gedacht, ihre stimmliche Realisierung gab nur einzelne Möglichkeiten des schriftlichen Textes wieder. Doch die Grundausrichtung ihrer Texte, ihr Rhythmus und der Charakter ihrer Intonation wurde von einem kundigen Publikum – und in Moskau gehen zu Lesungen avantgardistischer Lyrik ausschließlich solche Leute – gut über das Ohr wahrgenommen.

6

Von 1991 bis 2003 stellte Anna ihre feministisch, sozialkritisch oder kontemplativ-ästhetisch orientierten Kunstprojekte aus; sie war an insgesamt 70 Gruppenausstellungen beteiligt und konnte ihre Arbeiten in zehn Einzelausstellungen zeigen. Sie schrieb auch über Kunst, besonders über die Kunst von Frauen. Das, so bekannte sie in einem Interview, erlebte sie manchmal »wie eine Spaltung der Persönlichkeit«. »Als Dichterin«, fuhr sie fort, »verließ ich mich auf Spontaneität und automatisches Schreiben, während ich mich als bildende Künstlerin vor allem für den Kontext interessierte, in dem die zeitgenössische Kunst möglich ist. Das erste erforderte vollkommene Vertiefung und Hingabe, das zweite dagegen intensives Kommunizieren und eine kolossale nach außen gerichtete Energie.«[16] Das gewaltsame Ende dieser »Spaltung« war die bereits erwähnte Zerschlagung der Ausstellung »Achtung, Religion!« durch eine Gruppe von orthodoxen Fundamentalisten im Januar 2003.[17]

Seit 2001 wandelte sich Anna Altschuks dichterische Arbeit. Ein früher tabuisiertes Thema setzt sich durch: das Überschreiten der Grenzen der Sprache, der Bruch mit ihrem spezifischen Gewicht, das an das Leben bindet. Im Zyklus *h(n)immel(r)WERDs* erscheinen immer häufiger Worte wie »pFORTe«, »Null«, »Zero« (eine Variante der Null), das große »O« (im Grunde wieder die Null) graphisch hervorgehoben. Merklich wächst die Zahl der Palindrome, die das poetische Gewebe gewissermaßen mit sich selbst kurzschließen und verhindern, daß es sich in der Zeit entfaltet. Das Kontemplative aus früheren Zeiten, die Bewahrung jener feinen Membran, die die virtuelle Welt von der realen trennt, gibt es nur noch in Naturgedichten und Gedichten über neue, die Phantasie ansprechende Landschaften (die Toskana, Spanien, die Krim).

In diesen Jahren spürte Anna immer akuter den Druck des, nach ihren Worten, »muffigen«, der Kunst ungünstigen sozialen Klimas. Besonders provoziert fühlte sie sich von der gewaltsam forcierten äußerlichen, rituellen Religiosität, die widerspruchslos mit dem Konsumdenken einhergeht und zum Wiedererstarken des Nationalismus beiträgt. Das Empfinden der Ausweglosigkeit fand bildlichen Ausdruck in einem ihrer Träume: »Man hat mir ein Vorabexemplar meines Lyrikbandes gebracht. Es ist übersät mit bunten Bildchen von russischen Gemächern, die Texte schauen verschwommen und verwischt daraus hervor. Ich war verärgert: Warum konnte man die Texte nicht klar und deutlich drucken, auf weißem Papier? Man sagt mir: ›Bezahle 380 oder

---

16 Ebd., S. 1

17 Dieses Ereignis und seine Folgen für Anna Altschuk, auch ihre künstlerischen Antworten darauf, habe ich ausführlich dargestellt in meinem Buch *Mit dem Recht des Stärkeren. Russische Kultur in Zeiten der »gelenkten Demokratie«.* Frankfurt am Main: Suhrkamp 2006

400 Dollar, und du bekommst, was du willst.‹ Mir ist klar, daß ich dieses Geld nicht habe, und ich verzichte auf den Band.« (Tagebuch, 20. Februar 2003)

Der Traum führt die Hauptthemen der neuen Zeit zusammen: den Nationalismus (die durch die poetischen Texte hindurchschimmernden Gemächer) und die Orientierung am Konsum (Erfolg bemißt sich in Geldwert).

Die Notwendigkeit, zu emigrieren und sich von der Muttersprache zu trennen, das Leiden an der eigenen Ruhelosigkeit vollendete das, was ihre Verfolger begonnen hatten, und die tragische Lösung ließ nicht lange auf sich warten.

7

Bis Anfang der neunziger Jahre tippte Anna ihre Gedichte in fünf, sechs Exemplaren mit Durchschlag auf der Schreibmaschine, klammerte die Blätter zusammen und verteilte sie an Freunde. Später ließ sie sie auf eigene Kosten in geringer Auflage drucken, oder Kleinverlage brachten sie heraus. Viele ihrer Gedichte erschienen zuerst in Zeitschriften und Anthologien mit geringer Auflage, auch im Ausland. An Übersetzungen ihrer Lyrik erschien zu ihren Lebzeiten nur wenig.

Auf die Frage einer Zeitschrift, ob sie ihre Gedichte gern übersetzt sähe, antwortete sie: »Ich wäre froh, wenn meine Gedichte übersetzt wären und im Ausland gelesen werden könnten. Allerdings ist mir klar, vor welchen Schwierigkeiten meine Übersetzer stehen. Eine solche Übersetzung bedeutet intensive Koautorschaft, denn der Übersetzer muss im Grunde zu einem Autor werden wie ich selbst und in seiner Sprache Analogien zu meinen Schachzügen finden, ohne dabei dem Gedicht das Lebendige, d.h. alle komplexen rhythmisch-phonetischen Bezüge zu nehmen.«[18]

18 Anna Alčuk, Otvety na voprosy ankety (rukopis') [Antworten auf einen Fragebogen (Manuskript)], S. 1-2

Ihr Traum von einer Übersetzung und Koautorschaft hat sich erfüllt. Gabriele Leupold und Henrike Schmidt begannen noch zu Annas Lebzeiten, ihre Gedichte zu übersetzen, später kam Georg Witte dazu. Der Band, den der Leser hier in der Hand hält, ist der (nicht nur in Deutschland, sondern überhaupt) erste Versuch, die unterschiedlichen Etappen von Anna Altschuks Werk gemeinsam vorzustellen.

Mir bleibt nur, dem Suhrkamp Verlag und der Verlegerin Ulla Unseld-Berkéwicz – daß dieses Buch erscheinen möge, war ihr persönlicher Wunsch – meinen besonderen Dank auszusprechen; außerdem den Übersetzerinnen, die für die Wiedergabe dieser höchst komplexen Texte im Deutschen titanische Arbeit geleistet haben; und schließlich der Lektorin Katharina Raabe, die die Arbeit aller Beteiligten zu einem Buch, einem gemeinsamen Ganzen gemacht hat.

Berlin, März 2010
Aus dem Russischen von Gabriele Leupold

Biobibliographische Notiz

Anna Altschuk (eigentlich: Michaltschuk) wurde 1955 auf der Insel Sachalin geboren und verbrachte ihre frühe Kindheit in Workuta. Studium der Geschichte in Moskau. Seit Ende der siebziger Jahre Lyrikveröffentlichungen im Samisdat. Ausstellungen, Filme, Installationen, zahlreiche Veröffentlichungen zur zeitgenössischen Poesie und visueller Kunst. 2004/2005 stand sie wegen Teilnahme an der Ausstellung »Achtung Religion!« in Moskau vor Gericht, wurde aber vom Vorwurf des »Schürens nationalen und religiösen Zwistes« freigesprochen. Ab November 2007 lebte sie in Berlin, wo sie im April 2008 tot aus der Spree geborgen wurde. 2009 erschien der noch zu Lebzeiten zusammengestellte Interviewband *Protivostojat' na svoëm* (»auf dem eigenen be/widerstehen«) bei Aletejja in Sankt Petersburg.

Die Gedichte »schwebezustand«, übersetzt von Henrike Schmidt, »freud(voll führen)«, »lech elch« und »todann«, übersetzt von Anna Maria Platzgummer, sind erstmals in: *Diapason/DIAPAZON. anthologie deutscher und russischer gegenwartslyrik/ антология современной немецкой и русской поэзии*, Moskva 2005 erschienen. »schwebezustand« wurde für diese Ausgabe überarbeitet. Die Übersetzungen von Georg Witte sind in *Lettre International* 81/Sommer 2008 erschienen.

Michail Ryklin, 1948 in Leningrad geboren, ist Philosoph und arbeitet an der Akademie der Wissenschaften in Moskau. Auf Deutsch erschienen u.a. *Räume des Jubels. Totalitarismus und Differenz* (2003; es 2316) und *Kommunismus als Religion* (2008). Für *Mit dem Recht des Stärkeren. Russische Kultur in Zeiten der »gelenkten Demokratie«* (2006; es 2472) wurde er 2007 mit dem Leipziger Buchpreis zur Europäischen Verständigung ausgezeichnet.

Gabriele Leupold, 1954 geboren, Slawistin und Germanistin, Übersetzerin von theoretischen und literarischen Texten vor allem aus dem Russischen, u.a. von Bachtin, Groys, Mandelstam, Pasternak, Sorokin, Belyj, Schalamow.

Henrike Schmidt, 1969 geboren, beschäftigt sich als Übersetzerin und Literaturwissenschaftlerin vor allem mit russischer und bulgarischer Literatur des 19. bis 21. Jahrhunderts. Schwerpunkte liegen im Bereich der Lyrik (Avantgarde, Postmoderne) und der Medialität von Literatur (visuelle und Klang-Poesie, Hypertext und Blogging).

Georg Witte, 1952 geboren, ist Professor für Allgemeine und Vergleichende Literaturwissenschaft an der FU Berlin. Zahlreiche multimediale Editions- und Übersetzungsprojekte zur literarischen und künstlerischen Gegenkultur in der Sowjetunion.

Abbildungsverzeichnis

S. 2: Anna Altschuk, Moskau 1984. Foto: Michail Michaltschuk

S. 130: Walerij Orlow: Collage aus Anna Altschuks »Einzellern«, 1988-2005. Digitaldruck auf Japanpapier.

S. 147: Anna Altschuk als russischer Businessman in dem Projekt »Doppeltes Spiel«, das sie 1995 mit Georgy Kisewalter inszenierte. Den Künstlern ging es darum, den fließenden, unmerklichen Übergang vom Männlichen zum Weiblichen und umgekehrt zu zeigen. Ausgestellt in den Galerien »Obscuri Viri« (Moskau) und »21« (St. Petersburg). Foto: Georgy Kisewalter

S. 150: Anna Altschuk und die Künstlerin Ljudmila Gorlowa fügten ihr eigenes Bild in eine Szene aus dem Propagandafilm »Heldentaten eines Kundschafters« (1947) ein. Die Photographie ist Teil ihres gemeinsamen Kunstprojekts »Räume des Jubels« (1997), das Frauenfiguren an die Stelle der männlichen Helden in Filmen der Stalinzeit setzt. Es wurde im Jahr 2000 im Moskauer Klub O.G.I. gezeigt. Foto: Ljudmila Gorlowa

S. 153: Anna Altschuk in ihrer Moskauer Wohnung, 2006. In der Hand hält sie ihre Arbeit »Woher und wer« (2002), die im Januar 2003 in der Ausstellung »Achtung, Religion!« im Museum des Sacharow-Zentrums in Moskau gezeigt wurde. Für die Beteiligung an dieser Ausstellung wurde die Künstlerin vor Gericht gestellt, jedoch im März 2005 freigesprochen. Foto: Michail Michaltschuk

S. 156: Anna Altschuk im Projekt »Doppeltes Spiel« (1995). Foto: Georgy Kisewalter

S. 160: Anna Altschuks Projekt »Mädchenspielzeug« in der Galerie »21«, St. Petersburg, 1994. Der Kopf der Venus betrachtet die Torsi von Moskauer Künstlern, die in der Pose der Venus von Milo aufgenommen sind. Die Situation kehrt die übliche Gender-Verteilung um: Nicht der Mann betrachtet den Torso einer nackten Frau, sondern der Kopf einer weiblichen Göttin (das Symbol der Weiblichkeit) schaut auf die Torsi nackter Männer. Foto: Michail Michaltschuk

СОДЕРЖАНИЕ

INHALT

Osteuropäische Literatur
in der edition suhrkamp
Eine Auswahl

Juri Andruchowytsch
- Engel und Dämonen der Peripherie. Essays. Aus dem Ukrainischen von Sabine Stöhr. es 2513. 217 Seiten
- Das letzte Territorium. Essays. Aus dem Ukrainischen von Alois Woldan. Nachwort übersetzt von Sofia Onufriv. es 2446. 192 Seiten

Juri Andruchowytsch/Andrzej Stasiuk. Mein Europa. Aus dem Ukrainischen von Martin Pollak und Sofia Onufriv. es 2370. 160 Seiten

Attila Bartis. Die Apokryphen des Lazarus. Zwölf Feuilletons. Aus dem Ungarischen von Laszlo Kornitzer. es 2498. 99 Seiten

Bora Ćosić
- Die Reise nach Alaska. Aus dem Serbischen von Katharina Wolf-Grießhaber. es 2493. 172 Seiten
- Die Zollerklärung. Aus dem Serbischen von Katharina Wolf-Grießhaber. es 2213. 153 Seiten

László Darvasi
- Eine Frau besorgen. Kriegsgeschichten. Aus dem Ungarischen von Heinrich Eisterer, Terézia Mora und Agnes Relle. es 2448. 184 Seiten
- Herr Stern. Novellen. Aus dem Ungarischen von Heinrich Eisterer. es 2476. 227 Seiten

Ljubko Deresch
- Die Anbetung der Eidechse oder Wie man Engel vernichtet. Aus dem Ukrainischen von Maria Weissenböck. es 2480. 200 Seiten

- Räume des Jubels. Totalitarismus und Differenz. Essays.
  Aus dem Russischen von Dirk Uffelmann. es 2316. 238 Seiten

Andrzej Stasiuk
- Dojczland. Eine Reise. es 2566. 92 Seiten
- Fado. Reiseskizzen. Aus dem Polnischen von Renate
  Schmidgall. es 2527. 158 Seiten
- Die Mauern von Hebron. Aus dem Polnischen von Olaf
  Kühl. es 2302. 160 Seiten
- Über den Fluß. Erzählungen. Aus dem Polnischen von
  Renate Schmidgall. es 2390. 189 Seiten.
- Wie ich Schriftsteller wurde. Versuch einer intellektuellen
  Autobiographie. Aus dem Polnischen von Olaf Kühl.
  es 2236. 144 Seiten

Dubravka Ugrešić
- Die Kultur der Lüge. Aus dem Serbokroatischen von
  Barbara Antkowiak. es 1963. 303 Seiten
- My American Fictionary. Aus dem Serbokroatischen von
  Barbara Antkowiak. es 1895. 224 Seiten

Tomas Venclova. Vilnius. Eine Stadt in Europa. Aus dem Li-
tauischen von Claudia Sinnig. Mit Fotografien von Arunas
Baltenas. es 2473. 242 Seiten

Serhij Zhadan
- Anarchy in the UKR. Aus dem Ukrainischen von Claudia
  Dathe. es 2522. 216 Seiten
- Depeche Mode. Roman. Aus dem Ukrainischen von Juri
  Durkot und Sabine Stöhr. es 2494. 245 Seiten
- Geschichte der Kultur zu Anfang des Jahrhunderts. Gedichte.
  Aus dem Ukrainischen von Claudia Dathe. es 2455. 81 Seiten